La dernière chance du capitalisme

Patrick Artus
Marie-Paule Virard

La dernière chance du capitalisme

Odile Jacob

15, rue Soufflot, 75005 Paris

www.odilejacob.fr

ISBN 978-2-7381-5541-2

Introduction

Nous vivons ces temps-ci un de ces moments de l'histoire où la révolte le dispute à la désespérance. En Europe comme aux États-Unis et dans de nombreux pays « riches », une foule grandissante, abandonnée sur les bas-côtés de la prospérité, se vit en victime d'un monde injuste et inégalitaire. La paupérisation court les rues, les métros, les quartiers, et une contre-culture du ressentiment serpente sur ce bitume de l'exclusion. Règne désormais, chez les plus démunis, le sentiment d'être le jouet des forces obscures d'un capitalisme libéral qui fait les yeux doux aux puissants, mais se montre intraitable vis-à-vis des faibles opprimés par la mondialisation et autres loups-garous de l'imaginaire social. Ce capitalisme-là est à leurs yeux responsable de la pauvreté, des inégalités, de la destruction massive d'emplois, du déclassement, des délocalisations. Bref, de la misère du monde. En tout cas, de notre monde. Sans oublier sa responsabilité dans le réchauffement climatique, dans la mise à mort de la biodiversité et dans toutes sortes de désordres susceptibles de compromettre l'avenir de la planète et des générations futures. Quant au virus baladeur, c'est comme s'il affichait une « globalisation » du diable !

Les citoyens des pays de l'OCDE sont aujourd'hui, à des degrés divers, tourneboulés par ces avatars d'un grand dérangement qui met à bas d'anciens repères sociaux et mentaux. Quoi d'étonnant si, dans un tel désarroi, se lèvent protestations et autres révoltes qui mêlent refus de renoncer à toute alternative plus douce et réticences à se projeter dans l'avenir ? L'irruption de la Covid-19 a mis provisoirement le couvercle sur ces mouvements de contestation tels ceux qui ont été organisés un peu partout dans le monde développé avant mars 2020, mais la détestation n'en chemine pas moins à bas bruit. Le capitalisme néolibéral est plus que jamais sur la sellette, diabolisé pour toutes ces raisons qui mêlent considérations éthiques, mais aussi politiques, économiques et sociales.

Les salariés ont de bonnes raisons de se révolter. La caractéristique fondamentale du capitalisme contemporain, celui qui s'est imposé dans les années 1980 à la faveur des révolutions conservatrices de Margaret Thatcher et Ronald Reagan, est d'avoir fait la part belle aux actionnaires quitte à sacrifier la juste part des salariés dans le partage des revenus. Un ADN qui marque de son empreinte le système économique mondial depuis des décennies et cristallise la rancœur. La dévaluation du travail par le profit, voilà les raisons de la colère. Même s'ils ne le formuleraient pas forcément ainsi, les salariés occidentaux sentent confusément qu'ils sont devenus la variable d'ajustement de cette obsession à générer toujours plus de profits. De cette course sans fin au RoE (*Return on*

Equity, « rendement des fonds propres ») à deux chiffres. À partir de la fin des années 1980, l'air du temps y était d'autant plus favorable que la chute du Mur avait consacré définitivement, croyait-on, la « victoire » du capitalisme : dès lors, il n'était plus question de remettre en cause le bien-fondé ni même les excès d'un système promis à devenir l'horizon indépassable du monde, l'alliance entre l'économie capitaliste et la démocratie libérale.

Quarante ans plus tard, il semble que nous soyons arrivés à un point de rupture. D'autant qu'il apparaît que ce capitalisme est non seulement injuste et inégalitaire mais aussi, en définitive, inefficace. En y regardant de plus près, on constate en effet un ralentissement du progrès technique, des gains de productivité et de la croissance potentielle. Depuis qu'il a fait son nid au cœur des économies occidentales, le capitalisme néolibéral crée de moins en moins de richesses.

Faut-il s'en étonner ? Obsédés par la quête d'un rendement du capital si généreux pour leurs actionnaires (et indirectement pour eux-mêmes, de plus en plus rémunérés en actions), les managers ont privilégié la sacro-sainte *shareholdervalue* (« création de valeur pour l'actionnaire ») au détriment de tous les autres acteurs de la vie économique, les salariés mais aussi les sous-traitants, les fournisseurs, les clients, les territoires. L'essentiel des désordres engendrés par le capitalisme néolibéral découle de cet entêtement déraisonnable à sacrifier les revenus du plus grand nombre, donc la consommation des ménages, ce qui décourage l'investissement et mine en définitive la croissance.

Cet épilogue inattendu des décennies qui viennent de s'écouler (n'a-t-on pas longtemps justifié la brutalité du système par son efficacité ?) explique la nature, mais aussi les dérives, des politiques économiques menées par les pays de l'OCDE et destinées à compenser cette carence mortifère. Loin d'être tout-puissant comme le croit volontiers l'imaginaire collectif, le système a besoin de béquilles pour continuer à avancer. Depuis longtemps déjà, l'histoire du capitalisme contemporain n'est plus qu'une succession de tentatives pour soigner la pathologie auto-immune du système : une asthénie pernicieuse de la demande. Un cercle vicieux qu'il a lui-même savamment organisé. Pour ranimer la flamme d'une demande chancelante, les gouvernements des pays de l'OCDE ont imaginé successivement ce que nous appellerons au fil de l'analyse les trois « béquilles » du capitalisme contemporain. En fait, l'endettement, sous toutes ses formes.

À partir des années 1990, les États ont commencé par encourager les ménages à s'endetter afin de pouvoir financer leurs loisirs, voyager, acheter voitures, logements, bref consommer, en dépit de la stagnation voire de la baisse relative de leurs revenus. Cette première « béquille » a néanmoins touché sa limite en 2008 avec la crise des *subprimes* aux États-Unis, résultat d'un excès d'endettement associé à la formation d'une gigantesque bulle sur les prix de l'immobilier. Comme le battement d'ailes du papillon, la crise provoquée à partir de 2009 par le désendettement express des ménages américains s'est vite propagée à l'économie mondiale et l'aurait emportée si les États n'étaient venus à la rescousse.

Après la dette privée, la dette publique. La deuxième « béquille » a fait son apparition à la fin de la première décennie du siècle sous la forme d'une augmentation inédite de l'endettement public destiné à financer les transferts aux ménages et autres aides à la création d'emplois, toutes mesures nécessaires pour amortir les effets délétères de la crise. Des transferts qui sont venus soutenir à leur tour une demande toujours émoussée par la déformation du partage des revenus. Mais la limite a fini par être à nouveau atteinte avec l'envolée des taux d'endettement public. L'irruption du virus et ses confinements successifs ont fait le reste. Songeons qu'à la fin 2020 les attentes de l'Europe, des États-Unis et du Japon atteignaient en pourcentage du PIB respectivement 102 %, 128 % et 238 % (131 % pour l'ensemble des pays de l'OCDE). Impossible de continuer ainsi sans prendre le risque de voir les taux d'intérêt à long terme s'envoler et sans compromettre les investissements du secteur privé. Pour éviter qu'un tel scénario se mette en place, il fallait que les banques centrales achètent toute la dette publique, en lieu et place des épargnants privés. Et c'est exactement ce qu'elles ont fait à partir du printemps 2020. Massivement.

La troisième « béquille », la plus inévitable mais la plus déraisonnable sans doute, a pris la forme d'un rachat par les banques centrales des dettes publiques créées par les États, payé par la création monétaire. Inondation monétaire serait un terme plus juste. Tout se passe comme si les dettes publiques étaient directement financées par la création de monnaie ; quand la Banque centrale achète des dettes publiques, elle paye en créant de la monnaie. Un déficit public financé par l'émission d'obligations ensuite achetées par la Banque centrale est équivalent à un déficit public directement financé par la création de monnaie. Le problème change alors de nature : il ne s'agit plus tant de s'inquiéter pour l'endettement public (la dette publique est achetée par la banque centrale qui appartient à l'État, donc elle est *de facto* annulée) que pour les conséquences prévisibles de l'inondation : en 2020, la quantité de monnaie créée par les banques centrales de l'OCDE a augmenté de 75 % ! Les pays de l'OCDE n'avaient pas le choix. Ils devaient agir pour tenter de limiter la catastrophe. Mais une telle monétisation des dettes publiques ne va pas sans risques. Dans les économies contemporaines, elle ne déclenche plus comme par le passé l'inflation des prix des biens et services mais celle des prix des actifs. Une perspective qui est tout sauf rassurante car les bulles, chacun le sait, comme les histoires d'amour, finissent mal, en général.

D'abord, profondément inégalitaires, elles attisent le ressentiment social des sans patrimoine et alimentent le conflit entre générations puisque la hausse du prix des actifs favorise les rentiers et taxe les plus jeunes qui doivent payer trop cher leur logement comme les actifs financiers nécessaires à la constitution de leur patrimoine, avant de ne plus rien pouvoir acheter du tout tant l'écart s'est creusé entre les possibilités d'investissement offertes par leur revenu et le prix des actifs. En fait, l'excès de création monétaire engendre une perte de valeur de la monnaie puisqu'une même quantité de monnaie permet d'acheter moins de logements, moins d'actifs financiers. C'est bien ainsi qu'il faut « lire » la hausse du prix des actifs. Surtout, les bulles finissent par exploser et déclencher de méchantes crises financières. Sans parler des risques de perte de confiance dans la monnaie quand celle-ci brûle les doigts des agents économiques qui, constatant l'augmentation déraisonnable de l'offre monétaire, décident qu'il est prudent de s'en débarrasser. C'est vrai aujourd'hui des Argentins qui bazardent leurs pesos pour acheter du dollar, mais que se passerait-il si un jour la méfiance s'en prenait à une monnaie de réserve ?

Comme l'endettement privé, comme l'endettement public, la monétisation des dettes publiques ne durera pas jusqu'à la fin des temps et, sans béquille, le système actuel ne pourra survivre sans se réformer en profondeur. Un *reset* pour parler comme les grands de ce monde qui ont délaissé cette année les montagnes enneigées de Davos pour les rives de l'Asie tropicale singapourienne afin d'échanger autour de l'idée de « réinitialiser » ce capitalisme pour le rendre, enfin, plus inclusif. Incontestablement, le mot de l'époque ! Autrement dit, plus équitable, plus durable, plus doux aux faibles, plus innovant, plus juste, plus… L'humanité, surtout en ces temps difficiles, réclame sa part de rêve.

La mutation, si elle finit par se produire, a toutefois peu de chances de se faire dans la quiétude et la félicité. Dès qu'elles pourront sortir de la crise sanitaire, les entreprises seront obnubilées par une seule et unique obsession : restaurer leur situation financière, ce qui nous promet – au moins dans un premier temps – un capitalisme toujours aussi dur aux faibles (gel des salaires, des embauches, délocalisations, course aux monopoles, rejet des réglementations climatiques trop coûteuses…). Surtout, et même si les déclarations d'intention se veulent sincères, il faudra davantage que la création de quelques entreprises « à mission » et que quelques belles initiatives pour accoucher de ce capitalisme « inclusif » qui alimente débats et dîners en ville : une remise en cause des réflexes, des habitudes solidement ancrées du capitalisme contemporain, à commencer par l'exigence de rendement du capital pour l'actionnaire anormalement élevée, exigence incompatible avec l'émergence d'un capitalisme qui prendrait vraiment soin de l'ensemble des acteurs.

Quel meilleur moment pour revisiter l'histoire de ce capitalisme néolibéral qui, pendant une quarantaine d'années, a rythmé le cours de l'économie mondiale ? Le moment nous paraît d'autant mieux choisi qu'un cygne noir, pour reprendre la formule de Nassim Taleb[1], autrement dit un événement rare et impensable aux effets hyperboliques, en l'occurrence la Covid-19, s'est invité dans nos vies. Le volatile consacre sans doute définitivement la fin d'une époque et nous contraint à accélérer le pas. À imaginer un nouveau modèle de croissance. Au début des années 1990, l'alliance du capitalisme occidental et de la démocratie libérale semblait être devenue un horizon indépassable. Avec sa « fin de l'Histoire », Francis Fukuyama célébrait la victoire de l'Occident et de son système économico-politique au moment même où, en réalité, celui-ci amorçait son déclin historique. Pourquoi le capitalisme néolibéral a-t-il déraillé ? Quelles sont les premières pistes susceptibles de dessiner les contours de ce « monde d'après » si souvent invoqué comme une nouvelle espérance collective ? Nous avons voulu raconter ici l'histoire de ce basculement, tenter d'évaluer les risques provoqués par les politiques économiques menées depuis la fin des Trente Glorieuses mais aussi partager de nouvelles raisons d'espérer.

1. *Le Cygne noir. La puissance de l'imprévisible*, Les Belles Lettres, 2011.

CHAPITRE 1

La révolte anticapitaliste

Voilà un symbole qui parle singulièrement aux Français, mais c'est à Washington que la machine du docteur Guillotin a fait, métaphoriquement, une réapparition remarquée un certain 27 août 2020. Plus précisément devant la belle demeure de Jeff Bezos, ci-devant président d'Amazon, le premier patron dont la fortune personnelle a franchi le cap des 200 milliards de dollars[1], faisant de l'ex-gamin surdoué l'homme le plus riche de tous les temps, mais aussi la cible rêvée des anticapitalistes de tout poil, à commencer par l'organisateur de l'opération, un ex-Amazon licencié quelques mois plus tôt pour avoir organisé une grève au sein de l'entreprise : « Donnez-moi une bonne raison pour laquelle nous ne méritons pas un salaire minimum de 30 dollars l'heure alors que cet homme gagne 4 000 dollars par seconde. »

Au-delà du symbole d'un creusement des inégalités de revenus inédit aux États-Unis depuis la Seconde Guerre

1. Avant d'être rattrapé puis dépassé, au moins provisoirement, par Elon Musk, le fondateur de Tesla et SpaceX dans les premiers jours de 2021.

mondiale, l'homme est également critiqué pour ses méthodes, qu'il s'agisse du climat interne jugé exécrable qui règne au sein de l'entreprise, de son obstination à faire d'Amazon un monopole inexpugnable ou de sa résolution de ne jamais payer d'impôts sur les sociétés. Un dirigeant qui a même refusé de rejoindre *The Giving Pledge*, une campagne lancée par Warren Buffet et Bill Gates afin d'inviter les milliardaires américains à consacrer l'essentiel de leur fortune à des causes caritatives. Voilà qui n'était guère politiquement correct. Et tandis que la crise du coronavirus s'annonçait comme un désastre économique pour la grande majorité des Américains, on apprenait que le prince des GAFAM avait ajouté un peu plus de 87 milliards de dollars à sa fortune en l'espace de quelques mois grâce à la Covid-19. Bref, Jeff Bezos et ses semblables incarnent aux yeux de beaucoup à peu près toutes les dérives de ce capitalisme néolibéral que l'on aime tant détester. #guillotine2020[1] !

Un capitalisme de plus en plus contesté

C'est peu dire en effet que le capitalisme est de plus en plus contesté. Dans l'opinion, il se confond souvent avec le libéralisme voire l'ultralibéralisme, autant dire le diable en personne. Notamment dans l'Hexagone où nos compatriotes ont toujours entretenu une relation pour le moins complexe avec un système qu'ils considèrent facilement comme « le » responsable de tous leurs maux. La crise

1. Posté pour la première fois sur Twitter aux États-Unis en 2017, #guillotine2020 était accompagné d'un tout aussi provocateur #eattherich (« mangez les riches ») avant de devenir au fil des mois une sorte de mème révolutionnaire utilisé un peu partout dans le monde.

sanitaire n'a rien arrangé. La Covid n'est-elle pas aux yeux de certains la dernière créature d'un capitalisme qu'ils comparent volontiers au loup-garou ? Une raison de détestation supplémentaire alors que le rejet du capitalisme avait déjà pris une nouvelle dimension depuis quelques années. En France, mais aussi un peu partout dans le monde.

À la veille de la crise sanitaire, des foyers de protestation se sont d'ailleurs allumés un peu partout sur la planète. En France, où le mouvement des Gilets jaunes, né à l'automne 2018, a bien bousculé le système. Mais aussi à Londres, à Francfort, à New York, à Hong Kong, à Beyrouth, Khartoum ou Quito. Bien sûr, les conditions sont différentes d'un pays à l'autre, les revendications à chaque fois singulières. Mais le bruit de fond, lui, est récurrent : partout, des mesures gouvernementales touchant directement au coût de la vie à moins que ce ne soit à l'avenir de la planète ont provoqué des convulsions aussi soudaines que violentes. Partout, des mobilisations de masse se sont organisées. Leur hétérogénéité même révèle une constante : l'expression d'un désenchantement voire d'une exaspération, notamment parmi les plus jeunes, vis-à-vis d'un système économique qui provoque trop de souffrances sociales, trop de ravages environnementaux.

La violence du choc provoqué en 2020 par l'irruption de la Covid-19 a mis une pression supplémentaire sur les épaules de salariés qui craignent plus que jamais pour leur emploi et leur pouvoir d'achat et se sentent piégés d'avance par la crise économique qui s'installe. La révolte mijote désormais à feu doux. La virulence de la contestation a été mise entre parenthèses, confinée par la pandémie, mais ne demande qu'à s'exprimer à nouveau, aiguillonnée par les dégâts économiques et sociaux annoncés. Comme si un petit organisme vivant de quelques nanomètres avait administré le coup de grâce au mythe déjà chancelant de la mondialisation heureuse. Désormais, c'est le malheur qui échauffe les esprits. La crise de trop après des décennies où la plupart ont vu les inégalités se creuser et leurs conditions de vie se dégrader. Pour eux-mêmes comme pour leurs enfants et petits-enfants. L'incroyable épilogue de la présidence Trump en janvier 2021 fut lui aussi, dans une large mesure, la manifestation du mal-être et de la désespérance d'une Amérique, celle de l'électorat trumpiste, confrontée à la violence de ses conditions de vie et à la peur de l'avenir ainsi que la confirmation que la question sociale va constituer, au plan intérieur, l'enjeu central des années Biden. N'oublions pas que, aux États-Unis, les 30 % d'Américains du bas de l'échelle des revenus n'ont bénéficié d'aucune progression de leur pouvoir d'achat depuis 1990 !

La stagnation voire la baisse du pouvoir d'achat, une réalité qui dure

Le désarroi est profond parce que cette difficulté de vivre s'est installée depuis longtemps déjà. Dans l'ensemble des pays de l'OCDE, la stagnation quand ce n'est pas la régression du pouvoir d'achat est une réalité quotidienne. Depuis des décennies, les salaires réels ont décroché de la productivité ; en tout cas, les 30 à 40 % des salaires les plus bas (les plus hauts salaires, eux, ont augmenté normalement). À partir des années 1990, la déréglementation des marchés du travail, la désyndicalisation progressive, la pression mise sur les entreprises pour qu'elles maximisent leurs profits, ont provoqué une forte déformation du partage des revenus au détriment des salariés. De 1990 à 2019, le salaire réel (le salaire nominal par salarié corrigé de la hausse des prix, c'est-à-dire le pouvoir d'achat du salaire par tête) a progressé de 23 % dans l'ensemble des pays de l'OCDE quand la productivité du travail par tête augmentait de 49 %. Exprimé autrement, cela signifie qu'au cours de cette période de près de trente ans (davantage qu'une parenthèse), les salariés des pays de l'OCDE ont reçu moins de la moitié des gains de productivité du travail alors qu'en principe ils auraient dû en recevoir la totalité, traduction chiffrée de cette déformation du partage qui constitue une des caractéristiques fondamentales de nos économies contemporaines.

Cette austérité salariale[1] règne sur pratiquement tous les pays dits « riches », à l'exception notable de la France et de l'Italie, deux pays où le partage ne s'est pas déformé de la même manière qu'ailleurs, deux exceptions où le salaire réel a augmenté un peu plus vite que la productivité du travail (encadré 1). Outre cette « exception » partagée avec les Italiens, les Français bénéficient aussi d'une protection sociale et, d'une manière générale, de politiques redistributives sensiblement plus généreuses que celles mises en place dans la plupart des pays de l'OCDE (les dépenses publiques de protection sociale représentent 28 % du PIB en France contre 21 % en Allemagne comme au Royaume-Uni). Pour autant, les salariés français ne sont pas à l'abri de l'appauvrissement dans la mesure où, comme ailleurs dans l'OCDE, l'énergie et le logement ont au fil du temps dévoré la quasi-totalité

1. Voir à ce sujet Patrick Artus, *40 ans d'austérité salariale. Comment en sortir ?*, Odile Jacob, 2020.

de leur modeste augmentation de pouvoir d'achat. Dans la mesure aussi où notre pays est plus touché que d'autres par la désindustrialisation et ses conséquences sur la qualité des emplois, donc sur le niveau des rémunérations.

Encadré 1.
Partage des revenus : l'exception française

Depuis la fin des années 1990, le partage des revenus s'est fortement déformé au détriment des salariés dans l'ensemble des pays de l'OCDE, sauf en France (et en Italie). Mais quelles sont les pistes explicatives possibles ? Écartons d'abord celle qui vient spontanément à l'esprit : contrairement à l'Italie où la faiblesse des gains de productivité explique la déformation du partage des revenus au profit des salariés, l'explication ne vaut pas pour l'Hexagone où la productivité augmente presque aussi vite que dans les autres pays de l'OCDE.
En revanche, l'absence de déformation du partage des revenus au détriment des salariés s'explique probablement à la fois par le niveau élevé du salaire minimum (62 % du salaire médian contre 48 % en Allemagne et 32 % aux États-Unis), la prospérité des firmes du CAC 40 qui ont un poids important dans l'économie française, réalisent des profits mondiaux élevés et en font profiter leurs salariés français (le niveau de salaire par tête atteint 46 000 euros par an dans les grandes entreprises, 32 000 euros dans les PME) et un pouvoir de négociation des syndicats qui reste relativement fort en dépit d'un taux de syndicalisation plus faible (9 %) que dans la moyenne de l'OCDE (16 %). Autant de spécificités qui ne permettent pas de commenter la politique salariale française avec la même approche que pour les autres pays de l'OCDE.

Des emplois de moins en moins qualifiés, de plus en plus précaires

La dégradation de la qualité des emplois constitue aussi, dans les pays dits « riches », un motif de révolte des salariés contre le capitalisme et son avatar contemporain, la mondialisation. L'ouverture des échanges a certes accru le bien-être global sur la planète, notamment en extirpant des millions d'individus des pays émergents de la pauvreté. Elle a aussi incontestablement favorisé le consommateur occidental qui a fini par trouver normal d'acheter un jean, un T-shirt ou une chemise à 5 dollars ou 5 euros au supermarché. Mais elle s'est traduite – pour ce qui concerne les pays développés – par un transfert de l'industrie milieu et bas de gamme vers les pays émergents. Entre 1996 et 2020, la production manufacturière n'a progressé que de 25 % dans les pays de l'OCDE, mais de 150 % dans les pays émergents, avec pour conséquence une hémorragie sans précédent d'emplois industriels et d'emplois de services associés (- 20 % sur la période).

Cette évolution a accéléré la bipolarisation des marchés du travail, avec d'un côté, des emplois très qualifiés à revenus élevés mais peu nombreux, et de l'autre, de nombreux emplois peu ou pas qualifiés dans les services domestiques à revenus modestes voire faibles. Faut-il rappeler que, dans l'OCDE, le niveau de salaire nominal par tête (hors cotisations sociales) est en moyenne de près de 50 000 dollars par an dans l'industrie manufacturière, mais excède à peine les 30 000 dollars, soit 40 % de moins, dans les services domestiques ? En outre, ces emplois peu ou pas qualifiés, mal rémunérés, sont souvent précaires, sous forme de CDD et autres temps partiels plus ou moins contraints.

La dégradation de la qualité des emplois alimente le désarroi et la rancœur de salariés traumatisés par un déclassement à la fois économique et humain. Il y a trente ans, les Gilets jaunes étaient ouvriers spécialisés sur une chaîne des usines Renault, Citroën ou Michelin ou premier fondeur dans les hauts-fourneaux d'ArcelorMittal. Ils étaient bien payés, respectés pour leur savoir-faire et leur engagement à défendre les intérêts de la classe ouvrière. Aujourd'hui, leurs descendants sillonnent les rues des villes à vélo pour le livreur Deliveroo ou les entrepôts sur des engins à roulettes pour préparer les commandes de la plateforme Amazon. Les jeunes sont particulièrement touchés. En France, par exemple, plus de 1 jeune actif[1] sur 2 (52,7 %) occupe un emploi d'intérimaire, d'apprenti ou de salarié en contrat à durée déterminée. Quoi d'étonnant s'ils ne se voient pas évoluer, progresser professionnellement, et s'ils ont du mal à se projeter dans l'avenir ?

L'avenir les fait d'autant moins rêver que la disparition progressive des emplois intermédiaires s'accompagne d'un recul de la mobilité sociale : il est moins facile aujourd'hui de progresser dans l'échelle professionnelle dès lors qu'il s'agit désormais de réussir à passer directement d'un emploi peu ou pas qualifié à un emploi qualifié. En outre, une certaine paralysie de la mobilité sociale a été favorisée aussi, au fil des décennies, par le développement d'un chômage de longue durée. Lorsque,

1. Âgés de 15 à 24 ans.

enfin, un chômeur au long cours retrouve un emploi, il est souvent contraint d'accepter un contrat d'intérim, un contrat à durée déterminée, ce qui ne risque pas de favoriser son ascension dans l'échelle des revenus. Encore moins des responsabilités. Dès lors que l'ascenseur social a des ratés et que, pour la majorité des salariés, le niveau de vie n'en finit pas de faire du surplace quand il ne régresse pas, la tolérance au spectacle des inégalités diminue, et elle diminue d'autant plus que chacun finit un jour ou l'autre par se sentir guetté par la pauvreté ; une pauvreté qui, *a fortiori* depuis le début de la crise sanitaire, se fait de plus en plus présente. Ainsi, la France comptait quelque 10 millions de pauvres à fin 2020 selon le Secours catholique ; le Royaume-Uni plus de 15 millions selon Legatum Institute. Outre-Atlantique, une enquête du Census Bureau publiée en novembre 2020 révélait que 1 Américain sur 8, et même 1 sur 6 dans les familles avec enfants, soit environ 26 millions d'adultes, avouaient ne pas manger tous les jours à leur faim, une situation inédite depuis plus de vingt ans tandis que plus de 43 millions d'Américains (chiffre d'avant la crise sanitaire) vivent sous le seuil de pauvreté (12 760 dollars par an pour une personne seule). Une situation qui n'en finit plus de se dégrader depuis 2020.

La tolérance au spectacle des inégalités diminue

Évidemment, le niveau de tolérance aux inégalités est variable en fonction des pays, et plus précisément en fonction de la manière dont les citoyens les perçoivent. Dans ses travaux, l'économiste française Stefanie Stantcheva, professeur à Harvard, a notamment montré que, contrairement à l'idée reçue, la mobilité sociale, par exemple, est très légèrement supérieure en France à ce qu'elle est aux États-Unis (en moyenne, un tiers des enfants américains dont les parents font partie des 20 % les plus pauvres resteront dans la même tranche de revenus une fois devenus adultes, contre 29 % des enfants français dans la même situation) mais que, pour autant, les Américains continuent à être plutôt optimistes quant à leur avenir (même si c'est en train de changer), quitte à accepter des inégalités de revenus fortes, quand les Français voient facilement le leur en noir et considèrent plus vite le niveau d'inégalités comme insupportable. Affaire de culture.

Toutefois, la tolérance aux inégalités de revenu et de patrimoine a tendance à diminuer partout dans l'OCDE, et jusque dans l'Amérique de Joe Biden où le fait que les inégalités aient atteint des niveaux inégalés depuis la Seconde Guerre mondiale et commencent à compromettre le mode (et l'espérance) de vie des classes moyennes suscite outre-Atlantique un sentiment de désarroi qui préoccupe les experts car les écarts de revenus que l'on observe aujourd'hui finiront par faire des ravages, même au pays du capitalisme libéral. Surtout si l'on observe une multiplication de comportements vécus comme autant de provocations. Ainsi de l'information tombée en décembre 2020 selon laquelle Larry Culp, nommé à la tête de General Electric en 2018 pour redresser un groupe à la dérive, verrait son risque bien « récompensé » puisqu'il est assuré d'encaisser un minimum de près de 47 millions de dollars, bonus qui pourrait même grimper jusqu'à 230 millions s'il parvient à atteindre des objectifs boursiers plutôt modestes d'ici à 2025, et ce alors que le groupe a annoncé un plan d'économies qui passera par la suppression de 13 000 postes, dont un certain nombre en France.

En octobre 2020, une étude publiée par la banque suisse UBS et le cabinet d'expertise comptable PwC montre que les cinquante Américains les plus riches « valent » désormais quelque 2 000 milliards de dollars (selon l'indice des milliardaires de Bloomberg), soit davantage que les 165 millions d'Américains les plus pauvres. Jeff Bezos, en effet, est bien entouré. Elon Musk, par exemple, le très médiatique président fondateur de Tesla, rappelons-le, a vu en 2020 sa richesse personnelle passer d'un peu moins de 76 milliards à 170 milliards de dollars[1], soit une progression de plus de 40 %. Les choix politiques opérés par les administrations américaines successives au cours des dernières décennies ont en effet consisté à diminuer systématiquement les impôts des plus riches, contribuant à faire naître au pays de l'argent roi un sentiment grandissant d'injustice sociale. Dans un ouvrage qui fait référence[2], deux chercheurs français de l'Université de Berkeley, en Californie, Emmanuel Saez et Gabriel Zucman, résument ce *Triomphe de l'injustice* en un chiffre : pour la première fois dans l'histoire moderne, les quatre cents Américains les plus riches selon le classement *Forbes* ont bénéficié, en 2018, d'un taux de prélèvement inférieur à celui appliqué à toutes les autres catégories de contribuables (23 % contre 28 %

1. Au 3 janvier 2021 selon l'indice Bloomberg des milliardaires.
2. Emmanuel Saez et Gabriel Zucman, *Le Triomphe de l'injustice. Richesse, évasion fiscale et démocratie*, Seuil, 2020.

en moyenne pour l'ensemble des Américains) grâce à la réforme fiscale de Donald Trump – dernière en date d'une longue série – qui a réduit d'un tiers les prélèvements sur les sociétés. Et pour la première fois depuis plus d'un siècle (l'impôt sur le revenu a été créé en 1913 outre-Atlantique), les milliardaires américains ont payé – à la veille de la dernière élection présidentielle – moins d'impôts en proportion de leurs revenus que les classes moyennes et populaires. Il est encore trop tôt pour dire si Joe Biden, le nouveau locataire de la Maison Blanche, infléchira la tendance comme il l'a promis, et dans quelles proportions.

Surtout, l'Amérique n'est pas épargnée par la stagnation du pouvoir d'achat des classes moyennes et populaires. Le rêve américain a pris du plomb dans l'aile avec la stagnation quasi complète, depuis des décennies, des revenus des 50 % des Américains les plus pauvres : le revenu moyen des classes populaires était de 18 000 dollars par adulte et par an en 1980 et a gagné péniblement quelque 500 dollars en quarante ans[1] quand ceux des 0,1 % les plus riches ont explosé sur la même période. Sans parler de leur patrimoine. Il y a quelques années, le tandem Saez/Zucman avait déjà montré, batterie de chiffres à l'appui, que la part de la richesse détenue par les 0,1 % les plus fortunés des Américains, soit environ 160 000 familles, était remontée à son niveau de 1913 et représentait quelque 23 %, soit près d'un quart du patrimoine national (contre 7 % au début des années 1980[2], voir graphique 1).

1. Chiffres issus *ibid.*
2. Emmanuel Saez et Gabriel Zucman, *Wealth inequality in the United States since 1913*, NBER Working Paper Series, Working Paper 20625, octobre 2014.

Graphique 1
OCDE* : masse salariale et richesse totale**
(100 en 1995:1)

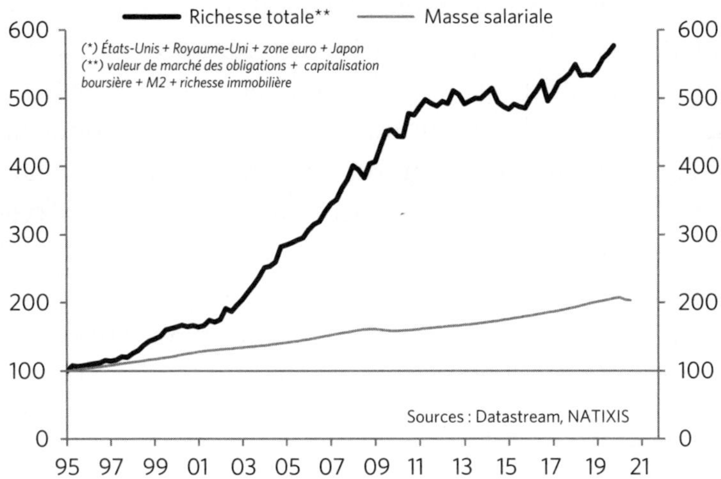

Le pays de l'oncle Sam n'a jamais prétendu être un modèle en matière de partage des revenus et d'équité fiscale, mais les deux chercheurs alertaient aussi dans leur ouvrage sur les dérives de la dégressivité fiscale appliquée par les États européens, notamment la France, à partir d'une philosophie néolibérale qui s'est imposée dans de nombreux pays : les plus riches étant aussi les plus mobiles, le principe est de les détaxer afin qu'ils résistent à la tentation, fortune faite, de se délocaliser, eux et leurs patrimoines. Selon la banque suisse et le cabinet d'audit et de conseil PwC qui dressent chaque année un état des lieux de l'évolution du patrimoine des ultrariches de la planète[1], la fortune des milliardaires français, par exemple, a bondi de 439 % (de 82 à 443 milliards de dollars) entre 2009 et 2020, soit la deuxième plus forte progression après la Chine.

1. *Riding the Storm. Market Turbulence Accelerates Diverging Fortunes*, Billionaires Insight 2020, UBS-PwC.

Les auteurs de l'étude ont aussi calculé qu'à la fin juillet 2020 le cercle des ultrariches comptait 2 189 milliardaires de par le monde, soit 31 de plus qu'en 2017, et que, crise de la Covid ou pas, leur fortune cumulée avait dépassé pour la première fois le seuil symbolique des 10 000 milliards de dollars. Petite curiosité : au sein de cette population aussi, la crise sanitaire a fait office d'accélérateur d'inégalités entre d'un côté les fortunes traditionnelles et de l'autre celles issues des rangs de la technologie, des équipements médicaux et de la santé. Depuis 2018, la fortune des seconds (tels l'Américain d'origine sud-africaine Elon Musk ou la Chinoise Zhong Huijuan) a augmenté de plus de 40 % quand celle des premiers (divertissement, services financiers, immobilier…) ne s'est accrue « que » de 10 % voire moins.

Les rachats d'actions, signature du capitalisme néolibéral

On sait que le creusement des inégalités se fait par le haut, avec l'explosion de la fortune des 1 % les plus riches (les 50 % les plus pauvres ne possèdent en effet presque rien en matière de patrimoine, y compris dans les pays les plus égalitaires comme la Suède), mais il profite également à l'ensemble des détenteurs de patrimoine qui peuvent compter eux aussi sur la bienveillance du système pour veiller à la valorisation de leur capital, que celui-ci soit mobilier ou immobilier. La politique de création monétaire à tout va est une bénédiction pour tous ceux qui détiennent des actifs financiers et/ou immobiliers et voient leur patrimoine se valoriser rapidement. Il faut bien que tout cet argent qui a été injecté dans le système sanguin de l'économie mondiale aille quelque part. Ainsi, les prix de l'immobilier se sont envolés. En vingt ans, ils ont été multipliés par deux en zone euro (par 2,8 en France) et par trois aux États-Unis.

Les détenteurs d'actions ont eux aussi bénéficié d'une météo très favorable. Grâce à la valorisation des marchés boursiers et à la distribution de généreux dividendes. En 2019, celle-ci a atteint le niveau historique de 1 430 milliards de dollars selon la société de gestion d'actifs Janus Henderson Investors. Avec un nouveau record aux États-Unis, mais aussi au Canada, au Japon, en Russie et en France. Sur dix ans, elle a quasiment doublé (+ 95 %) avec quelque 11 400 milliards de dollars dans le monde. Il aura fallu l'irruption du coronavirus pour que l'on observe un coup d'arrêt à cette progression irrésistible : en 2020, une baisse est attendue, mais, soulignent les auteurs de l'étude, la distribution devrait tout de même excéder les 1 100 milliards de dollars…

Et on n'a pas recours qu'aux dividendes pour chouchouter les actionnaires. Lorsque la profitabilité du capital n'est plus assez attrayante à leurs yeux, que les occasions d'investir se raréfient, les entreprises ont pris l'habitude de leur rendre leur bel argent en rachetant leurs propres actions. Une vogue amorcée dans les années 1980 et qui n'a cessé de prendre de l'ampleur depuis les années 1990. C'est aussi cela la signature du capitalisme néolibéral. Selon les calculs de l'économiste William Lazonick, professeur à l'Université du Massachusetts et président de l'Academic-Industry Research Network, les entreprises de l'indice S&P 500, qui représentent 80 % de la capitalisation boursière des marchés américains, ont dépensé 5 300 milliards de dollars au cours de la décennie 2010-2019, soit 54 % de leurs bénéfices, pour racheter leurs propres actions. Si, à ce montant, on ajoute les 3 800 milliards de dollars distribués sous forme de dividendes, soit 39 % supplémentaires, cela signifie qu'au cours de cette période, les firmes qui composent l'indice phare de la bourse de New York n'ont mobilisé que 7 % de leurs profits pour investir dans l'économie réelle.

Tout au long de sa carrière commencée à Harvard dans la seconde moitié des années 1970, William Lazonick a consacré de nombreux travaux à cette évolution fondamentale du capitalisme et à ses effets pervers. Il a notamment documenté que l'obsession de privilégier quoi qu'il arrive la valeur pour l'actionnaire a non seulement fait exploser les inégalités mais aussi pesé sur la recherche et l'innovation. Démonstration avec l'exemple de Cisco. Lazonick estime, chiffres à l'appui, que l'informaticien américain a compromis sa position concurrentielle face au Chinois Huawei en consacrant davantage de milliards aux rachats d'actions qu'à son budget de R&D quand Huawei réinvestissait tous ses profits. De même, avec un de ses collègues, Mustafa Erdem Sakinç, l'économiste s'est penché sur les programmes de rachat d'actions de Boeing, considérant que, depuis longtemps, le constructeur privilégie davantage ses actionnaires que ses ingénieurs. Les deux chercheurs ont calculé qu'entre le premier trimestre 2013 et le premier trimestre 2019, Boeing a versé plus de 17 milliards de dollars de dividendes (42 % des bénéfices de la période) et procédé à 43 milliards de rachats d'actions (104 % des bénéfices de la période). Les auteurs suggèrent qu'une partie au moins de ces fonds aurait pu être utilement investie à des fins industrielles alors que les dernières productions du constructeur ont rencontré les difficultés que l'on sait. La banalisation de ces vastes programmes de rachat d'actions est d'autant plus nocive, concluent les deux experts, qu'elle va souvent de pair avec des rémunérations variables de dirigeants indexées sur un cocktail de ratios de performance et de cours de l'action. Ils citent chez Boeing le cas de l'ex-CEO Dennis Muilenburg, contraint à la démission fin 2019 après les déboires du B737 Max. L'intéressé a perçu près de 96 millions de dollars de rémunération brute entre 2015 et 2018 (toujours selon les travaux de Lazonick et Sakinç), pour un salaire annuel de 1,7 million ; le reste provenant notamment de l'exercice de stock-options et d'actions gratuites dont 34 % fondés sur des objectifs de ratios financiers (sachant que certains ratios sont plus faciles à atteindre quand il y a moins de titres en circulation…). De même, les compagnies aériennes américaines ont brûlé 96 % de leur cash-flow libre au cours des dix dernières années pour racheter leurs actions. Lorsqu'on voit l'état dans lequel elles ont abordé la crise sanitaire, on imagine qu'elles auraient pu être plus mesurées dans leurs opérations de rachat.

Un capitalisme de plus en plus élitaire, de moins en moins populaire

Ces quelques exemples illustrent le changement de nature du capitalisme au cours des dernières décennies. Traditionnellement, le capitalisme américain était un capitalisme par actions, mais un capitalisme populaire. Ces rachats massifs d'actions par les entreprises, tout comme la multiplication des sorties du marché coté, en ont modifié sensiblement la géographie : les firmes sont de plus en plus détenues par des fonds de *private equity*, par des individualités richissimes, et de moins en moins par les épargnants. De populaire, le capitalisme est devenu élitaire et spéculatif puisque rachats d'actions et levier d'endettement ont pour vocation d'augmenter artificiellement le rendement des fonds propres. Une nouvelle forme de capitalisme qui, même outre-Atlantique, suscite de plus en plus la méfiance de l'opinion. Surtout lorsque le P-DG d'une grande entreprise pharmaceutique vend pour 5,6 millions de dollars d'actions le jour même de l'annonce de l'efficacité du projet de vaccin de son laboratoire contre la Covid ! Même si l'opération est parfaitement légale et fait partie, si l'on en croit le communiqué de la direction du groupe, d'un plan de vente préétabli autorisé en août 2020, comment la concomitance n'alimenterait-elle pas une fois de plus la méfiance voire la colère des contempteurs du capitalisme néolibéral qui stigmatisent l'insensibilité de certains dirigeants et/ou grands actionnaires à la situation de leurs contemporains et leur avidité financière dans un contexte sanitaire et social qui requiert sans doute une attention particulière.

Pendant la crise sanitaire, la richesse boursière et immobilière a très bien résisté dans les pays de l'OCDE, cédant à peine 3 % par rapport à la fin 2019 à quelque 130 000 milliards de dollars fin 2020 (pour une baisse de quelque 10 % du PIB). Quant à l'enrichissement des plus riches, il s'est poursuivi comme le confirme la bonne santé des fortunes à l'issue de 2020 : les dix hommes les plus riches du monde totalisaient une fortune de 1 120 milliards de dollars[1]. La pandémie a donc encore amplifié les écarts qui alimentent le sentiment d'injustice dans un contexte où les inégalités de revenu et de patrimoine devraient poursuivre sur leur lancée dans les mois et les

1. Le 3 janvier 2021 selon l'indice des milliardaires de Bloomberg.

années qui viennent en raison de la formation de bulles spéculatives sur les actions et l'immobilier liée à la politique monétaire mise en place depuis plusieurs années et amplifiée pour faire face à la crise (nous y reviendrons).

→ *Le virus accentue encore les inégalités, notamment chez les jeunes*

En matière d'inégalités, le virus là aussi est un agent pathogène. Il creuse l'écart au sein même de la classe salariale entre ceux qui travaillent dans les secteurs les plus touchés (automobile, aéronautique, transport aérien, tourisme...) et ceux qui œuvrent dans des secteurs épargnés voire stimulés par la crise (entreprises technologiques, télécoms, pharmacie, commerce en ligne, secteur public...). Il creuse aussi l'écart entre les groupes de salariés à statuts, ceux qui sont relativement protégés par un CDI (sauf en cas de fermetures d'usines ou de plans sociaux) et ceux – intérimaires, intermittents, titulaires de contrats de travail courts, indépendants et artisans – qui sont fragilisés par les confinements à répétition. La perte d'un emploi constitue le premier facteur de paupérisation, mais la crise fragilise aussi d'innombrables petits entrepreneurs et autres indépendants en difficultés financières voire au bord de la faillite. En raison de la Covid, l'extrême pauvreté va à nouveau augmenter dans le monde, pour la première fois depuis près d'un quart de siècle. Selon un rapport de la Banque mondiale, la crise sanitaire fera basculer d'ici à fin 2021 quelque 150 millions de personnes sous le seuil d'extrême pauvreté (1,90 dollar par jour). Les jeunes et les femmes sont les plus exposés (voir graphiques 2 et 3).

Graphique 2
OCDE* : proportion de la population en dessous du seuil de pauvreté (seuil : 60 % du revenu équivalent médian, en %)

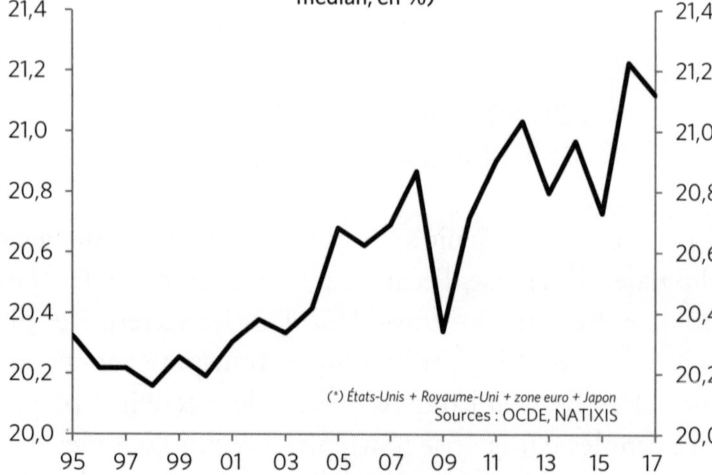

Graphique 3
France : proportion de la population en dessous du seuil de pauvreté (seuil : 60 % du revenu équivalent médian, en %)

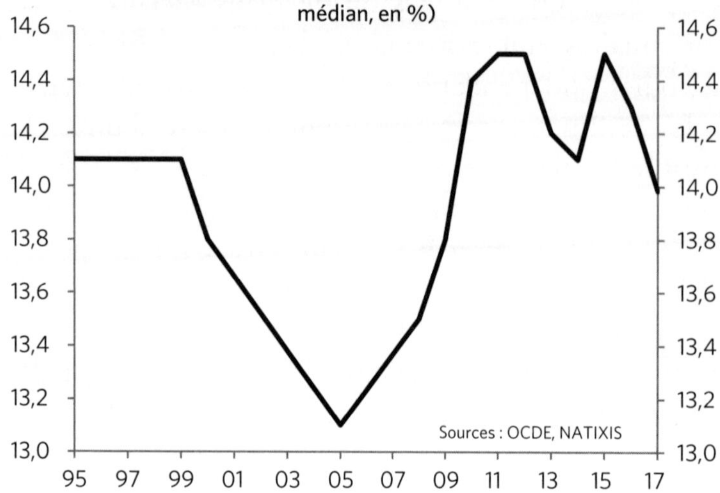

En France, la crise sanitaire a fait passer 1 million de Françaises et de Français de la précarité à la pauvreté, qu'ils soient étudiants, intérimaires, chômeurs mais aussi autoentrepreneurs ou artisans. Un million qui est venu s'ajouter aux 9,3 millions de personnes qui, dans notre pays, vivaient déjà sous le seuil de pauvreté[1]. En septembre 2020, le ministère des Solidarités et de la Santé estimait à 8 millions le nombre de personnes ayant besoin d'une aide alimentaire dans l'Hexagone, soit 12 % de la population française, alors qu'elles n'étaient « que » 5,5 millions en 2019 et « seulement » 1 million dans les années 1980. Un constat corroboré par l'enquête annuelle du Secours catholique[2] qui précise que près de 1 ménage sur 2 accueillis par l'association dispose de moins de 9 euros par jour de reste pour vivre par personne, 4 sur 10 étant même dans l'incapacité de couvrir leur dépenses alimentaires quotidiennes. Autre signe de paupérisation, depuis un an, les départements français ne cessent de voir arriver de nouveaux demandeurs du revenu de solidarité active (RSA), avec 2 millions de bénéficiaires à fin 2020 et une progression moyenne de près de 20 %. Les associations de lutte contre la pauvreté réclament depuis longtemps la création d'un revenu minimal garanti accordé dès l'âge de 18 ans (25 ans aujourd'hui), une revendication qu'ils estiment renforcée par l'impact de la crise sanitaire et sociale qui touche particulièrement les jeunes. En France (voir encadré 2) comme partout dans le monde.

1. Soit 1 063 euros par mois et par unité de consommation, soit 14,8 % des ménages en 2018 selon l'Insee.
2. *État de la pauvreté en France 2020. Budget des ménages, des choix impossibles*, novembre 2020, www.secours-catholique.org.

Encadré 2.
Les jeunes, premières victimes de la crise sanitaire

La dégradation de la situation des jeunes constitue une des formes les plus violentes des inégalités créées par la crise de la Covid. Les jeunes qui sont sortis à l'été 2020 du système éducatif ou en sortiront à l'issue de l'année en cours auront le plus grand mal à trouver un emploi alors que les entreprises sont nombreuses à avoir gelé les embauches. À la fin du troisième trimestre 2020, 619 000 jeunes actifs de moins de 24 ans étaient déjà sans emploi, un chiffre en hausse de 16 % sur un an. À la fin de 2020, le taux de chômage (au sens du BIT) s'élevait à 21,8 % chez les 15-24 ans, contre 9 % pour l'ensemble des actifs. Le chômage des jeunes va encore fortement augmenter en 2021. Parmi ceux qui ont un emploi, plus de 1 sur 2 doivent se contenter d'un contrat de travail précaire (en France, plus de 1 sur 2 sont apprentis, intérimaires ou en CDD), ce sont les emplois menacés en priorité si leur entreprise est confrontée à des difficultés. La politique monétaire très expansionniste mise en place par les banques centrales va probablement faire gonfler une bulle immobilière après la crise, d'où des difficultés encore plus fortes pour les jeunes pour se loger, pour acheter un logement. Enfin, la forte augmentation de l'endettement public laisse présager qu'il n'y aura pas d'augmentation des revenus dans l'avenir mais qu'en revanche cet endettement constituera une charge pour les jeunes générations d'aujourd'hui dans les décennies à venir. Les jeunes sont bien les grands perdants de la crise sanitaire. D'où la nécessité de mettre en place pour eux des politiques qui les soutiennent : aides à la création d'emplois pour les jeunes, revenu universel…

Selon une étude de l'Organisation internationale du travail (OIT)[1], menée à l'échelle de la planète, la pandémie a sur les jeunes de 18 à 29 ans un impact « systématique, profond et disproportionné » qui « exacerbe les inégalités et risque d'affaiblir le potentiel productif de toute une génération ». Un impact sur leurs cursus éducatifs d'abord : pour nombre d'entre eux, la sortie des études pourrait être repoussée tandis que 9 % envisagent leur abandon pur et simple. Un impact sur le marché du travail ensuite : 1 jeune sur 6 a dû cesser de travailler, 42 % de ceux qui ont continué à le faire ont vu leur revenu diminuer et près de 4 sur 10 « ont des doutes quant à leurs perspectives de carrière ». Conclusion de l'organisation onusienne : « Il est probable que la crise crée davantage d'obstacles sur le marché du travail et prolonge la période de transition entre la fin des études et le moment où les jeunes accèdent à leur premier emploi. » En France, les derniers chiffres publiés par l'Observatoire des inégalités sont inquiétants : entre 2002 et 2018, le taux de pauvreté des 18-29 ans est passé de 8 à 13 %. Un pauvre sur 2 dans notre pays est âgé de moins de 30 ans, précise encore le rapport. Des chiffres récoltés avant la crise sanitaire.

1. Étude portant sur plus de 12 000 jeunes de 18 à 29 ans menée en ligne dans 112 pays entre le 21 avril et le 21 mai 2020.

La fin d'un cycle où la question sociale a été progressivement invitée à s'effacer

Quoi d'étonnant si les jeunes, qui risquent d'être les grands perdants de la crise, sont les premiers à laisser éclater leur colère ? D'autant qu'ils portent un regard sévère sur la manière dont la planète a été dévastée depuis des décennies en raison de l'irresponsabilité des économies néolibérales qui ont utilisé massivement les énergies fossiles peu chères d'où, jusqu'à une période très récente, l'augmentation considérable des émissions de CO_2 et des atteintes à la biodiversité. À la forte aspiration à plus de justice sociale vient donc s'ajouter celle, de plus en plus partagée, à une modification radicale de notre modèle de développement. Mais un doute raisonnable persiste parmi les citoyens quant à la réelle volonté des politiques de changer fondamentalement la donne avant qu'il ne soit trop tard. L'environnement fut pendant trop longtemps l'angle mort de la réflexion politique et le demeure encore trop souvent en dépit des efforts récents pour tenter de rattraper le temps perdu. Un entre-deux qui alimente la méfiance des opinions publiques, en particulier des plus jeunes, quant à la volonté réelle de changement des gouvernements et à l'esprit de responsabilité des dirigeants.

Notre modèle économique n'a sans doute jamais été aussi près d'être rattrapé par ses propres dérives. Chacun comprend en tout cas que le bateau du capitalisme néolibéral navigue sur une mer démontée. C'est la fin d'un cycle d'une quarantaine d'années au cours desquelles la question sociale, qui avait dominé la scène politique depuis la seconde partie du XIXe siècle, a été progressivement invitée à s'effacer, n'ayant plus droit de cité que comme « ruissellement » de l'économie. Entre-temps, les nombreux désordres qui ont marqué cette tranche de vie du capitalisme – déformation du partage des revenus, inégalités, émissions massives de CO_2, concurrence fiscale, destruction des emplois intermédiaires, réduction de la mobilité sociale, instabilité financière... – ont plongé les classes populaires et moyennes des pays « riches » dans un profond désarroi. Dès lors, quoi d'étonnant si les unes et les autres se rebellent contre ce capitalisme néolibéral vécu comme inégalitaire, prédateur, et finalement impuissant à garantir le bien-être du plus grand nombre. Nous vivons un tournant historique, notamment pour nos démocraties, dont elles constituent naturellement le socle sociologique et politique. Leur décomposition représente une menace majeure pour la survie tant de la liberté politique que de l'économie de marché. Deux vertus à la fois cardinales et indissociables dans l'esprit de Milton Friedman, le père de ce modèle libéral aujourd'hui voué aux gémonies. Au départ, il existait pourtant de solides arguments en faveur de ce libéralisme plutôt tempéré et créateur de richesses pour le plus grand nombre. Mais, au fil des décennies, le système a déraillé. Nous allons essayer de comprendre comment et pourquoi. Et pour cela, il faut revenir aux sources de ce modèle si décrié aujourd'hui.

CHAPITRE 2

Le grand déraillement

Notre histoire débute alors que les Trente Glorieuses jettent leurs derniers feux. Plus de trente années se sont écoulées depuis 1945, trente années au cours desquelles le monde, et notamment le monde occidental, a connu une période de prospérité sans précédent. Le modèle capitaliste néolibéral qui a stimulé la création de richesses en favorisant les échanges de biens, de services, mais aussi de capitaux, a été à la hauteur de ce que l'on attendait de lui. D'abord, le plus important de tout, il a permis une forte élévation du niveau de vie des populations du Nord comme du Sud. Le phénomène a été particulièrement sensible dans les pays émergents où des centaines de millions de personnes ont pu sortir de la pauvreté grâce au développement des échanges et aux investissements des pays « riches ». La libre circulation internationale des biens, des services et des capitaux a favorisé l'exploitation des avantages comparatifs entre les différents pays et une allocation efficace de l'épargne mondiale. Faire l'impasse sur cet apport considérable du modèle capitaliste serait profondément injuste. Pour autant, on vient de le voir, chacun a aujourd'hui le sentiment que ce modèle est exténué et qu'il n'est plus en capacité d'assurer le bien-être de la grande majorité des habitants de la planète, notamment au Nord, malmenés par la succession des crises. Pour comprendre ce présent qui nous paralyse, il nous paraît important de commencer par revenir aux origines du capitalisme néolibéral et d'essayer de répondre à la question : qu'est-ce qui a déraillé sans que l'on y prenne garde ?

Après deux crises pétrolières, le débat sur le partage des revenus commence

Revenons à la fin des années 1970. Le modèle mis en place après 1945 a donc rempli son rôle. Installée sur un sentier de 5 % l'an voire plus dans tous les grands pays de l'OCDE pendant toute la décennie 1960, et à peine moins au cours de la première moitié des années 1970, la croissance a soutenu la création de richesses. Les gains de productivité ont profité largement aux salariés tandis que le partage des revenus est à l'époque considéré comme équitable entre salariés et actionnaires, le rendement exigé du capital étant modéré et les inégalités de revenus tout à fait supportables. En tout cas pas indécentes. Mais voilà qu'après deux crises pétrolières majeures en 1973 et 1979, les économies occidentales donnent quelques signes d'essoufflement. La croissance se met à ralentir. Les profits commencent à fondre. La productivité connaît un coup de mou qui finit de semer le doute. Le débat sur le partage des richesses créées devient plus tendu tandis que la rentabilité du capital s'étiole. Moins portées par la conjoncture, les entreprises regimbent contre le poids des contraintes réglementaires et surtout fiscales, car la libéralisation des échanges ne rime pas à l'époque avec défiscalisation. Bien au contraire.

C'est vrai notamment aux États-Unis où l'économie phare du monde occidental se lamente de plus en plus d'être exagérément ponctionnée par l'État. Au tournant des années 1970, le taux marginal d'imposition des profits des entreprises américaines est de 52,8 %. Quant aux contribuables les plus aisés, ils sont soumis à un taux d'impôt sur le revenu de 77 % pour la tranche supérieure ! L'occasion de rappeler ici, parce qu'on l'a parfois oublié, que les États-Unis ont été pendant longtemps, et jusqu'au milieu des années 1960, une des démocraties les plus en pointe en matière de progressivité de l'impôt. Au point que les taux marginaux ont été jusqu'à tutoyer les 90 % ! Souvenons-nous du discours de Franklin D. Roosevelt au Congrès en 1942 : « Écoutez, aucun Américain ne devrait avoir, après impôts, un revenu de plus de 25 000 dollars » (1 million de dollars d'aujourd'hui). Et le trente-deuxième président des États-Unis de proposer de créer un impôt de 100 % sur tous les revenus qui excéderaient cette somme ! Les parlementaires américains se mettront finalement d'accord sur un taux de 93 %, taux qui restera en vigueur jusque dans les années 1960, y compris sous la double présidence du républicain Dwight D. Eisenhower. Preuve du consensus qui existait alors aux États-Unis sur la volonté d'utiliser le système fiscal pour réguler les inégalités. C'est l'époque où un certain nombre d'esprits éclairés, de tous bords politiques, sont également convaincus qu'une concentration excessive des richesses n'est pas bonne pour la démocratie.

Mais, au tournant des années 1980, l'overdose fiscale guette. Les élites politiques, qu'elles soient démocrates ou républicaines, ont fini par se convaincre qu'il est dommageable pour la croissance, donc pour la prospérité de tous, de taxer les plus hauts revenus à un tel niveau et que la seule solution est de baisser significativement les impôts. D'une manière plus générale, la grogne enfle autour des réglementations et contraintes de tous ordres tandis que le consensus qui s'était forgé dans les années 1930 autour des idées keynésiennes commence à prendre l'eau. De New York à San Francisco en passant par Detroit ou Houston, le débat va s'organiser, notamment autour de la pensée d'un économiste de l'Université de Chicago, Milton Friedman, détaillée dans un ouvrage, *Capitalisme et liberté*[1], qui deviendra une contribution fondamentale à l'histoire de la pensée économique moderne.

Avec Capitalisme et liberté, *le libéralisme friedmanien rencontre son époque*

Dans *Capitalisme et liberté* publié pour la première fois en 1962 chez University of Chicago Press, Milton Friedman détaille sa vision du rôle de l'économie mais aussi de l'avenir de la démocratie. Il y célèbre la liberté,

1. Pour la version française, Robert Laffont, 1971.

cette « plante rare et délicate », indissociable à ses yeux de toute prospérité mais aussi de toute vie démocratique. L'ouvrage paraît à l'époque dans une relative indifférence (seul l'hebdomadaire britannique *The Economist* en rendra compte). Il faut dire qu'il s'inscrit alors à contre-courant du *mainstream,* la pensée keynésienne qui a marqué de son empreinte toute la période de l'après-guerre et de la reconstruction. La contribution de Friedman est notamment en rupture avec l'approche consensuelle de ses contemporains sur l'importance du rôle de l'État et des finances publiques (« détail » qui a son importance, l'Amérique se débat alors dans les affres de la guerre du Vietnam et les dépenses publiques sont considérables). Ce n'est qu'une bonne dizaine d'années plus tard que l'ouvrage remportera un énorme succès de librairie. Le libéralisme friedmanien rencontre alors l'époque tandis que l'école de Chicago qu'il a fondée attire tout ce que l'intelligentsia économique compte de brillants sujets dont les idées vont inspirer les politiques néolibérales des années 1980. Concrètement, que nous dit-il dans cet ouvrage ?

Capitalisme et liberté est davantage qu'un ouvrage d'économiste. C'est une profession de foi de nature philosophique qui propose une grille d'interprétation du monde. Pour celui qui sera couronné par un prix Nobel d'économie en 1976, le capitalisme constitue l'unique moyen de construire une société libre. Dès l'introduction, l'auteur définit le sujet central de l'ouvrage : « Le rôle du capitalisme de concurrence – c'est-à-dire de l'organisation de l'ensemble de l'activité économique grâce à l'entreprise privée opérant sur le marché libre – en tant que système de liberté économique et que condition nécessaire de la liberté politique. » Sa thèse fondamentale tient en une phrase : les individus étant extrêmement différents les uns des autres, le seul système économique compatible avec la liberté et la démocratie est le marché, un système qui permet de faire vivre ensemble dans de bonnes conditions des individus très différents. Au passage, il s'agit d'une critique du keynésianisme mais aussi du totalitarisme soviétique dont l'essence même est de nier la diversité des individus. Le libéralisme économique friedmanien s'appuie sur la théorie du marché, c'est-à-dire un système où les individus peuvent échanger des biens et services car le marché sait organiser ces échanges et définir un système de prix qui permet de les réaliser dans les meilleures conditions. Il s'appuie aussi sur la conviction que la concurrence est centrale car il n'y a pas de croissance sans une concurrence qui stimule l'innovation dans tous les domaines.

Dans son esprit, les arguments en faveur des thèses néolibérales sont clairs : Friedman estime en effet que les entreprises ont vocation à être bien gérées, efficaces et innovantes afin de maximiser leurs profits pour l'actionnaire. Leur responsabilité sociale se limite à cela, elles n'ont nullement vocation à créer des emplois ou à lutter contre les inégalités. Bref, à devenir des champions de la RSE ! Une philosophie résumée dans un article publié en 1970 dans le *New York Times* (« la responsabilité sociale des entreprises est d'accroître leurs profits[1] »). La mise à bas du monopole syndical – autre recommandation du futur prix Nobel – doit contribuer à lutter contre la sclérose qui empêche le transfert des emplois vers des

1. 13 septembre 1970, page 17.

entreprises plus efficaces, et favoriser leur renouvellement, car, comme tout organisme vivant, les entreprises naissent et meurent dans un mouvement permanent de « destruction créatrice » et c'est ce mouvement qui favorise l'innovation et la croissance. La déréglementation des marchés du travail vise à réduire le chômage structurel en évitant que les salaires d'équilibre soient anormalement élevés. La baisse de la pression fiscale et l'ouverture de la concurrence ont vocation à stimuler l'innovation. Enfin, la libre circulation internationale des biens et services et des capitaux permet d'allouer l'épargne mondiale là où elle est le plus efficacement utilisée, d'exploiter les avantages comparatifs entre les différents pays et de réduire les inégalités entre pays riches et pays pauvres.

Pour autant, et tout en portant un jugement sévère sur l'économie dirigée et en dénonçant les menaces que l'État providence fait peser sur les libertés de tous et de chacun, Friedman n'en réserve pas moins une place éminente au rôle de l'État invité à garantir le respect de la loi, du droit et de la propriété privée, à agir contre certains monopoles, à pallier les éventuelles défaillances du marché et à assumer pleinement ses fonctions régaliennes (justice, sécurité, éducation...). L'économiste américain considère notamment que c'est à l'État de garantir à ses concitoyens un système éducatif de qualité et de les protéger de la grande pauvreté. Friedman imagine déjà une forme d'impôt négatif, une sorte de revenu universel décroissant. Son analyse de la crise de 1929 l'amène aussi à plaider pour l'établissement d'une « règle monétaire » susceptible de garantir l'indépendance de la banque centrale vis-à-vis des caprices des politiques et des lubies des technocrates ainsi que la liberté des marchés responsables de l'allocation optimale du capital. Telle est sa définition de la démocratie : un système où l'État a toute légitimité pour assumer sans faiblir ses fonctions régaliennes mais sans jamais outrepasser son rôle, sans jamais empiéter sur la liberté des individus.

Il y a donc dans l'esprit du fondateur de l'école de Chicago une claire séparation des tâches entre les entreprises (dont la mission est de maximiser les profits pour les actionnaires) et les États (qui peuvent taxer, réglementer, redistribuer, mettre en place des incitations). Seul bémol à cette conception d'une répartition optimale des rôles : Friedman minimise peut-être la portée des externalités et l'intérêt d'une intervention parfois nécessaire de la puissance publique dans le fonctionnement des marchés. Mais il a des circonstances atténuantes : il y a près de soixante ans, le climat n'était pas encore dans toutes les têtes, ce n'est que dix ans plus tard, en 1972, que le rapport Meadows sur les limites de la croissance jouera le rôle de premier lanceur d'alerte sur les liens parfois ravageurs entre économie et environnement.

Avec *Capitalisme et liberté,* Milton Friedman exprime une pensée plus équilibrée que ce que l'on a souvent voulu en retenir. Il réserve un rôle important à l'État et exprime une vision du capitalisme qui est loin d'être aussi sommaire que celle que ses contempteurs, notamment français, ont parfois caricaturée. Il reste que Margaret Thatcher et Ronald Reagan, qui arrivent au pouvoir, l'une à Londres, l'autre à Washington, au tournant des années 1980, furent les premiers à prendre quelques libertés avec les idées du penseur de la liberté. Car si les élites anglo-saxonnes de l'époque ont pour sa pensée les yeux de Chimène, c'est qu'elles retiennent surtout l'ode à la liberté de maximiser les profits, l'invitation à déréguler le marché du travail et à faire un sort aux syndicats, plutôt que la quête d'une éducation de qualité pour tous ou la lutte contre la pauvreté ! Après des décennies de keynésianisme triomphant, la détestation de l'État providence et du « socialisme rampant » est trop forte.

Thatcher/Reagan, révolution conservatrice et dérive antisociale

« Socialisme rampant »… C'est Margaret Thatcher qui invente la formule au cours d'une campagne virulente contre des syndicats tout-puissants qu'elle qualifiera bientôt d'« ennemis de l'intérieur ». Elle arrive au 10, Downing Street en mai 1979 sur un programme 100 % néolibéral : réduction des dépenses publiques, libération des salaires et des prix, dérégulation de l'industrie financière avec ce que l'on appellera le « Big Bang de la finance » en 1986. Elle a aussi dans ses valises un vaste programme de privatisations qui touche tous les secteurs nationalisés de 1945 à 1951, à commencer par British Telecom, British Steel et British Airways. Parallèlement, l'internationalisation de l'économie britannique accélère alors que la City s'impose comme une des places majeures de la planète finance. Celle que l'on baptisera bientôt la Dame de fer engage aussi, comme elle l'avait promis, un bras de fer avec les syndicats : limitation de leur monopole sur les embauches et les salaires, encadrement du droit de grève et répression sans concession des « grèves sauvages ».

Pas moins de cinq lois sur les syndicats seront votées le temps de son passage au pouvoir, une politique qui a provoqué la plus grande grève qu'ait jamais connue le pays, celle des mineurs, de mars 1984 à mars 1985. Mais elle parviendra à diviser par deux le taux de syndicalisation au Royaume-Uni. Quant à sa doctrine en matière de politique économique, la locataire du 10, Downing Street laissera une formule de quatre lettres à la postérité : TINA (« *There is no alternative* »). C'est lors d'une conférence de presse en 1980 devant les correspondants américains à Londres que Margaret Thatcher prononce cette phrase. Plus précisément, elle ajoute même l'adverbe « vraiment » (« *There really is no alternative* ») pour bien signifier qu'il n'y a pas d'autres politiques possibles, pas d'échappatoire à la politique néolibérale, sauf à sombrer, insiste-t-elle comme une évidence, dans l'hyperinflation ou le totalitarisme du communisme soviétique, le grand Satan de l'époque.

Mais c'est l'installation de Ronald Reagan à la Maison Blanche, en janvier 1981, qui va consacrer l'avènement du règne du capitalisme néolibéral en Occident. Le chantre de la « révolution conservatrice » est élu face au démocrate Jimmy Carter pour « remettre l'Amérique sur pied », ce qui dans son esprit signifie avant tout la guérir de toute tentation socialisante. Prosélyte de l'économie de l'offre, le nouveau président veut lui aussi en finir avec l'État providence et n'a de cesse de clamer que le « gouvernement n'est pas la solution du problème [car] il EST le problème » (discours d'investiture). Sous ses deux mandats, et bien au-delà, le capitalisme libéral et actionnarial occupera désormais toute la scène économique.

Ainsi, lorsque l'ancien acteur s'installe à la Maison Blanche, la taxation des revenus les plus élevés tutoie encore les 70 % et le taux marginal d'impôts sur les profits des sociétés 46 %. Le nouveau président annonce immédiatement une réduction des taux d'imposition sur le revenu de 30 % sur trois ans et une mesure similaire pour l'impôt sur les sociétés, tenant pour négligeable le fait que l'ensemble de ces mesures priverait le Trésor américain d'environ 750 milliards de dollars de ressources sur cinq ans. La réforme fiscale est votée sans réserve, y compris par un tout jeune élu démocrate nommé Joe Biden. À la fin de la décennie 1980, la taxation des revenus les plus élevés sera redescendue à 28 % et le taux marginal d'impôts sur les profits des sociétés à 34 %, faisant un sort au système de progressivité fiscale extrêmement ambitieux qui avait été mis en place dans les années 1930.

La plupart des pays de l'OCDE emboîteront le pas de l'administration américaine (voir graphique 4).

Graphique 4
OCDE* : taux d'imposition sur les profits des entreprises (en %)

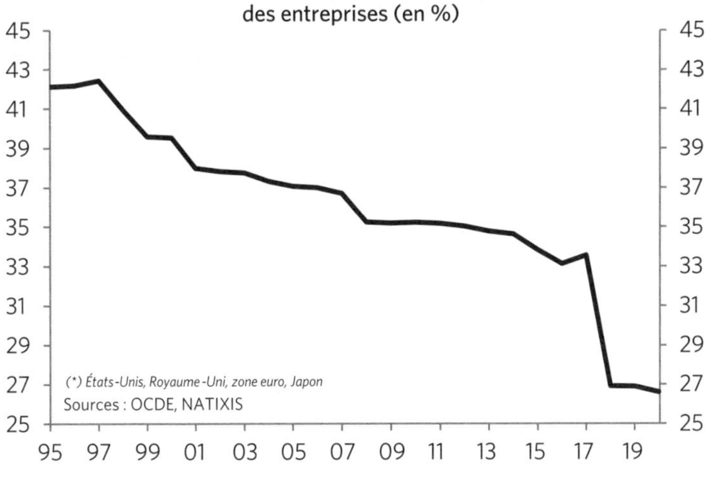

L'administration Reagan donne aussi un coup d'arrêt à l'augmentation des dépenses publiques. Le budget prévoit des coupes de l'ordre de 35 milliards de dollars pour la seule année 1982 et des réductions de plus de 130 milliards de dollars pour la période 1981-1984. La protection sociale est en première ligne. L'équipe Reagan interrompt ainsi une ascension ininterrompue de trente ans et bloque les dépenses de l'État aux alentours de 8 % du PIB en valeur. Seule exception à cette nouvelle frugalité publique : la sauvegarde du budget de la Défense que le président américain va au contraire doper pour financer la lutte contre l'« Empire du mal », autrement dit l'Union soviétique. La nouvelle politique fiscale et sociale se double d'une déréglementation du marché du travail avec le recul du rôle des syndicats (aux États-Unis, le taux de syndicalisation passera de 35 % en 1955 à 10 % soixante ans plus tard – voir graphique 5) et de la protection de l'emploi, d'où l'affaiblissement structurel du pouvoir

Graphique 5
Taux de syndicalisation (en %)

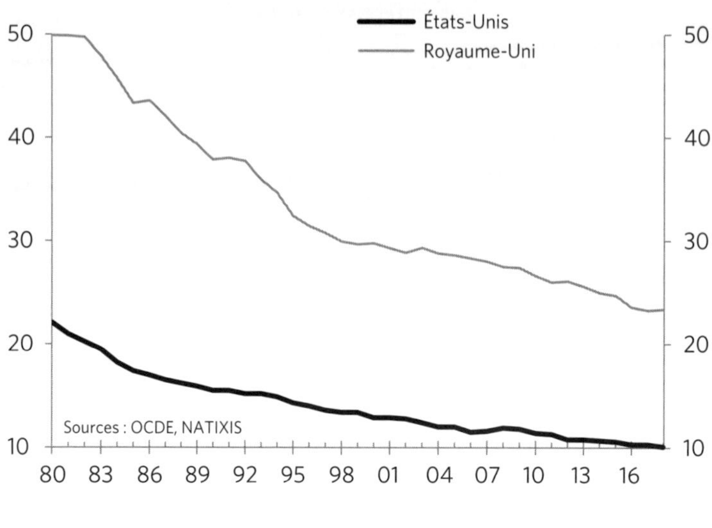

de négociation des salariés, porte ouverte à la déformation du partage des revenus à leur détriment, déformation très nettement inscrite dans les courbes à partir de la première moitié des années 1980. Cette déformation du partage des revenus, que l'on observe aussi bien au Royaume-Uni qu'aux États-Unis à partir du début des années 1980, sera pour des décennies l'un des grands marqueurs du capitalisme néolibéral et surtout de ses dérives.

Enfin, les *reaganomics* s'attaquent à toutes formes de régulation, travaillent à la libération complète des échanges des biens et services et des capitaux et entreprennent de lutter contre les positions dominantes. Une dernière ambition – louable dans un système de concurrence aussi libre et non faussée que possible – qui ne résistera pas à la fin des années Reagan : à partir de la décennie 1990, le capitalisme américain laissera la bride sur le cou aux monopoles. Entre 1982 et 2012, l'indice de concentration des entreprises, autrement dit la moyenne des parts de marché des 20 plus grandes entreprises de chaque secteur, est passé de 45 à 55. Le mouvement s'est encore accentué depuis. Ce n'est que très récemment qu'un peu partout dans les pays de l'OCDE, y compris aux États-Unis, on a entrepris timidement de tenter de mettre au pas les velléités hégémoniques des mastodontes, à commencer par les géants du numérique, après des décennies de laisser faire.

Sous les gouvernements Thatcher et Reagan, le volet libéral de la pensée friedmanienne brille donc de mille feux et les choix des élites anglo-saxonnes exercent une influence décisive sur la politique économique des pays de l'OCDE. Le Royaume-Uni avait devancé l'appel. Les autres grandes démocraties occidentales vont leur emboîter le pas.

La création de valeur pour l'actionnaire, horizon indépassable

En France, l'arrivée de la gauche au pouvoir en 1981, à contre-courant de l'air du temps, jette un moment le trouble dans les esprits, mais l'incompréhension sera de courte durée : entreprises et patrons vont vite devenir populaires tandis que le profit et l'argent, dans l'Hexagone comme ailleurs, seront bientôt la mesure de toute chose. Une époque où à la question « quelles sont les personnes vivantes que vous admirez le plus ? » un échantillon d'étudiants français placeront Bernard Tapie en tête, loin devant Lech Walesa et mère Teresa[1] ! Dans les entreprises comme dans les revues de management, la plupart issues des grandes universités américaines, on ne parle plus – de ce côté-ci de l'Atlantique aussi – que de la « création de valeur pour l'actionnaire » (*shareholdervalue*). En quelques années, le fameux RoE (*Return on Equity*), autrement dit le rendement des capitaux investis par les actionnaires, est devenu l'horizon indépassable de toute stratégie d'entreprise. Entre-temps, les actionnaires ont su faire des dirigeants leurs alliés en leur offrant sur un plateau l'accès au capital *via* les stock-options et autres actions gratuites. Désormais, le binôme œuvre main dans la main dans le seul but d'optimiser les profits pour l'actionnaire (voir graphique 6), reléguant les salariés au second plan tandis que le RoE s'installe pour des décennies, et malgré l'alerte de 2008-2009, sur un étiage nettement supérieur à celui du taux d'intérêt sans risque (le taux d'intérêt à dix ans

1. Sondage Sofres-Actuel-RTL, janvier 1986.

sur les emprunts d'État). Tout actionnaire qui se respecte compte sur ses 12 %, 13 % voire 15 % de rendement !

Bien entendu, il existe des situations qui justifient des rendements sur fonds propres élevés (innovation disruptive, découverte d'un gisement de matière première, émergence d'un nouveau marché prometteur...), mais – en vitesse de croisière – de telles exigences sont excessives et relèvent moins de l'évolution des taux d'intérêt de marché que d'habitudes historiques. Surtout si les taux d'intérêt à long terme sur les actifs sans risque restent scotchés au plancher, ce qui sera le cas au fil des années. Il y a trente ans, le rendement du capital pour l'actionnaire était voisin de 12 % en moyenne dans les pays de l'OCDE tandis que les taux d'intérêt à long terme sur les dettes publiques étaient de l'ordre de 8 %, situant ainsi la prime de risque pour un investisseur qui choisissait d'acheter des actions plutôt que des bons du Trésor à environ 4 points. Aujourd'hui, les taux d'intérêt sur les

Graphique 6
OCDE* : profits après taxes, intérêts et dividendes
(en % du PIB valeur)

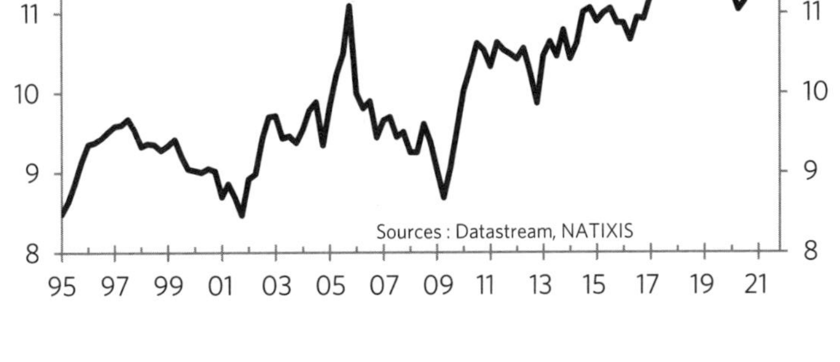

dettes publiques sont voisins de zéro, mais le rendement du capital est toujours bloqué sur 12 %, ce qui signifie que la prime de risque a atteint la différence de 12 points (voir graphique 7).

Une évolution centrale pour l'analyse économique : à partir des années 1980 et plus encore des années 1990, la quête de la rente a pris le pas sur tout le reste. Quitte à sacrifier les intérêts des autres acteurs de la vie économique, à commencer par les salariés. Quitte, aussi, à sacrifier l'investissement et l'innovation. Quitte enfin, le cas échéant, à prendre des risques inconsidérés, comme on l'a vu lors de la crise financière dite des *subprimes* en 2008-2009. Autant de caractéristiques qui ont conduit aux dérives du capitalisme contemporain déjà évoquées : déformation du partage des revenus au détriment des salariés, délocalisations, concentration des entreprises (particulièrement aux États-Unis).

Graphique 7
OCDE* : RoE et taux d'intérêt à 10 ans sur les emprunts d'État (en %)

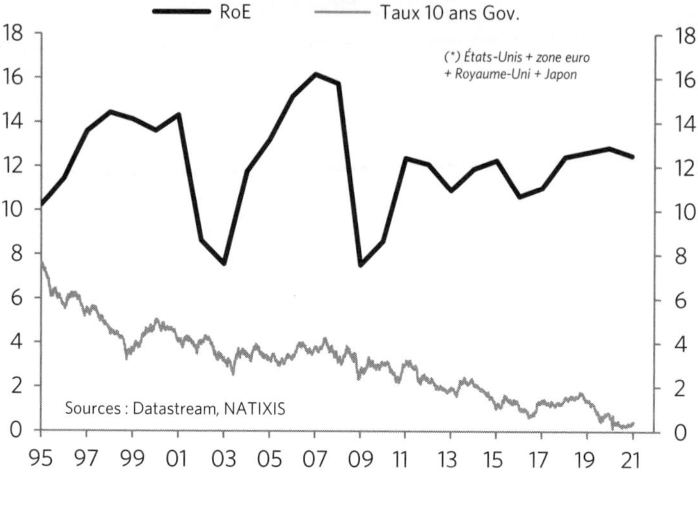

La pression exercée sur les entreprises, en France comme ailleurs dans l'OCDE, s'est enracinée définitivement dans les années 1990. C'est l'époque où, avec la chute du Mur et la « fin de l'histoire », on théorise volontiers aussi la fin de l'histoire... économique. Le logiciel néolibéral infuse très largement à travers le monde, y compris dans les pays émergents par le truchement de la Banque mondiale et du FMI. La domination de l'Occident sur le reste du monde semble définitivement établie puisqu'on assiste à l'intégration progressive, dans l'économie de marché dominée par les États-Unis, de tous les pays de la planète et que les meilleurs esprits ne savent plus penser le monde autrement que comme l'alliance de l'économie capitaliste et de la démocratie libérale. Trente ans plus tard, on sait que l'histoire sera un tout petit peu plus compliquée. Mais une chose est sûre : après 1989, on a cessé de réfléchir à la question de la régulation comme moyen de lutter contre les excès des inégalités et contre l'avidité érigée par certains acteurs de la sphère financière en vertu cardinale de « *Greed is good* », à l'instar du héros du film *Wall Street* réalisé par Oliver Stone et sorti en 1987. Il s'agit de tout faire pour satisfaire l'appétit des actionnaires quitte à fermer les yeux sur les dérives et à transférer le risque sur les épaules des salariés.

Nous pensons que l'essentiel des désordres engendrés par le capitalisme néolibéral découle de cette exigence anormalement élevée de rentabilité du capital pour l'actionnaire et de ce déséquilibre structurel qui s'installe dans le partage des revenus avec la période Thatcher/Reagan. Une période marquée par une indifférence revendiquée pour la question sociale. Au Royaume-Uni, l'écart de niveau de vie entre les pauvres et les riches retrouvera en 1990 son ampleur des années 1930. Aux États-Unis, la part du revenu total captée par le 1 % le plus riche qui était de 8,9 % en 1978 atteindra 15,9 % en 1986, retrouvant le niveau atteint à la veille de la Seconde Guerre mondiale[1]. Une dérive inégalitaire qui marque aujourd'hui encore de son empreinte, comme on l'a vu, le cours du capitalisme contemporain et qui ne correspond pas vraiment à la vision friedmanienne du capitalisme.

La dérive étatique, dernier avatar du capitalisme néolibéral

On peut imaginer que le leader de l'école de Chicago ne se reconnaîtrait pas davantage dans le tour pris par le capitalisme contemporain car la dérive antisociale initiée par les années Thatcher/Reagan se double désormais d'une dérive étatique qui, elle, n'a rien de libérale. Et ce, bien avant le cataclysme provoqué par la Covid. Au cours des quatre années de la présidence de Donald Trump, le capitalisme américain, pourtant perçu comme l'archétype du capitalisme néolibéral, ne répondait plus guère au qualificatif de néolibéral qu'en ce qui concerne le fonctionnement du marché du travail et le refus d'améliorer la générosité de la protection sociale, en particulier de la couverture maladie.

Les gouvernements américains successifs ont ainsi laissé s'épanouir les monopoles, à commencer par ceux des GAFAM, dont la position dominante dans leur cœur de métier élimine les entrants et freine l'innovation tout

1. Emmanuel Saez, *Striking It Richer : The Evolution of Top Incomes In the United States*, Université de Berkeley, 25 juin 2015.

en ayant tendance à investir leurs montagnes de rentes dans d'autres activités où ils se révèlent d'ailleurs souvent incompétents. Même si l'antitrust a semblé très récemment reprendre du poil de la bête avec les poursuites engagées en octobre 2020 par le Département de la justice américaine contre Google pour avoir « maintenu de façon illégale un monopole dans la recherche et la publicité en ligne », la plus importante procédure visant une Big Tech depuis l'offensive contre Microsoft en 1998.

Sous la présidence Trump, Washington a aussi multiplié les mesures protectionnistes, notamment vis-à-vis d'un certain nombre de produits chinois mais aussi européens, agricoles et industriels (avions civils). Il a organisé une forte intervention de l'État dans l'économie. L'action de la DARPA (*Defense Advanced Research Projects Agency*) – une agence gouvernementale créée pendant la guerre froide pour rattraper le retard pris face à l'Union soviétique dans la course à l'espace – illustre tout à fait la nature actuelle du capitalisme resté à tort dans l'esprit de beaucoup néolibéral par excellence. Avec un budget de plus de 3 500 milliards de dollars en 2020, soit pratiquement une fois et demie le PIB de la France, l'administration américaine mène la danse dans de nombreux secteurs industriels, de l'industrie pharmaceutique à l'aviation civile et militaire, en passant par la ville du futur, les véhicules autonomes, l'intelligence artificielle ou la conquête spatiale. Ainsi, l'aventure de SpaceX est-elle emblématique de ce nouveau cours.

En résumé, depuis quelques années, le capitalisme américain tend davantage du populisme nationaliste teinté d'une certaine proximité avec le capitalisme chinois : un capitalisme étatique où l'État multiplie les mesures protectionnistes, utilise les sanctions économiques comme des armes géopolitiques, encourage l'intervention massive de la banque centrale au moyen d'une politique monétaire très accommodante et finance lui-même l'innovation sans se soucier des déficits publics. Le « trumpisme » n'était pas un néolibéralisme et on attend de voir quelle sera dans la durée la philosophie économique de la nouvelle administration américaine.

D'autant que le fond de l'air est à un certain retour du keynésianisme. Joe Biden a annoncé une augmentation des dépenses publiques de santé, d'éducation, d'infrastructures, sans oublier la transition énergétique, avec un plan de relance XXL de 1 900 milliards de dollars. L'Union européenne s'est accordée sur un plan de relance de 750 milliards d'euros centré sur le numérique et la transition énergétique. Le Royaume-Uni, la Chine et le Japon ont fait part de leurs intentions d'investir eux aussi dans les infrastructures, l'éducation, la santé, la retraite. John M. Keynes serait-il sur le point de prendre sa revanche sur Milton Friedman ? L'histoire du capitalisme, système dont la ductilité, la fluidité et la capacité d'adaptation ne sont plus à démontrer, n'a sûrement pas fini de nous surprendre et on peut imaginer que les excès du capitalisme néolibéral et plus encore son inefficacité à tenir sa promesse, créer suffisamment de richesses pour assurer le bien-être de tous, n'est pas pour rien dans cette dernière (mais non ultime) ruse de l'histoire.

Le modèle néolibéral n'a pas tenu ses promesses

Au départ, le capitalisme « néolibéral » avait en effet pour ambition de libérer les énergies, d'améliorer l'efficacité de l'économie, en particulier de favoriser les créations d'emplois (d'augmenter le taux d'emploi), de permettre aux entreprises d'investir davantage, de soutenir l'innovation (donc d'obtenir des gains de productivité plus élevés), de laisser s'accomplir le processus schumpétérien de renouvellement du tissu économique, de favoriser une allocation optimale de l'épargne au niveau mondial grâce à la libéralisation des flux de capitaux, et au total de faire bénéficier l'ensemble des citoyens d'une élévation plus rapide du niveau de vie. Toutes choses absolument désirables. Les entreprises ont effectivement fait leur miel de la libéralisation des marchés du travail et des biens mais, encouragées par la révolution conservatrice, elles ont surtout chouchouté leurs actionnaires, quitte à négliger voire ignorer les intérêts des autres parties prenantes en général et des salariés en particulier. Bref, elles ont de ce point de vue failli à leur mission.

Mais ce déraillement dont nous parlons n'est pas de leur seul fait. Il a été également favorisé par les États qui ont renoncé à édicter des règles et à les faire respecter. Qu'il s'agisse du renoncement à toute politique des revenus susceptible de superviser le partage salaires/profits, de l'absence de toute vision stratégique des industries dont il était indispensable de garder la maîtrise (médicaments, matériels de télécommunications, matériel médical, composants électroniques, etc.), de leur impuissance à mettre en place une politique climatique digne de ce nom (notamment en parvenant à s'accorder sur un prix convenable du carbone), de l'acceptation passive du retour des monopoles, ou de leur incapacité à éviter la concurrence fiscale entre nations, au point de tolérer d'être mis en concurrence par les entreprises. Là encore, la philosophie friedmanienne a été bousculée. Et si aujourd'hui les États reviennent en force afin de tenter de peser et d'assumer pleinement leurs fonctions régaliennes, c'est qu'il y a le feu à la maison.

En réalité, le modèle néolibéral n'a pas tenu ses promesses. Non seulement les désordres qu'il a engendrés ont entraîné de graves troubles dans nos sociétés, mais la « vérité » que l'on aime se répéter depuis des décennies selon laquelle les coûts sociaux et environnementaux de ce capitalisme étaient le prix à payer pour une économie plus efficace, plus performante, est infirmée par les faits. Non seulement ce système s'est révélé agressif sur le plan social et environnemental, mais il est inefficace économiquement. C'est ce que dit crûment la comparaison entre les performances réalisées par l'économie américaine, économie emblématique s'il en est de ce modèle de capitalisme, avant 1980 et celles réalisées après 1980. Qu'il s'agisse du taux d'emploi (le ratio entre l'emploi et la population âgée de 20 à 64 ans), de l'effort d'investissement des entreprises, de l'innovation, des gains de productivité (la productivité par tête augmente en moyenne de 1,8 % sur la période 1950-1979 et de 1,7 % sur la période 1980-2019 et la productivité globale des facteurs respectivement de 2 % et de 1,5 %) ou du niveau de vie (le PIB par habitant en dollars PPA augmente de 6,4 % sur la période 1950-1979 et de seulement 4,4 % entre 1980 et 2019). Les chiffres sont implacables : la situation était tout simplement plus favorable de 1950 à 1980 que depuis 1980[1].

Le capitalisme néolibéral n'a pas amélioré la macroéconomie des États-Unis, pas plus que celle des pays de

1. Pour le détail des chiffres, voir Patrick Artus, « Le capitalisme américain marchait-il moins bien avant d'être néolibéral ? », *Flash Économie*, 6 février 2020, n° 173.

l'OCDE dans leur ensemble, et il a plongé les classes populaires et moyennes des pays occidentaux dans un profond désarroi. La déformation du partage des revenus au détriment des salariés, les délocalisations, la création de monopoles, l'ascension de l'endettement, tout cela avait pour objectif de préserver quoi qu'il en coûte les profits mais n'a pas servi à accroître l'investissement ni à créer davantage de bien-être pour le plus grand nombre. En réalité, il y a eu progressivement, pendant la période qui nous intéresse, décorrélation entre les exigences de profits et le potentiel de croissance. L'épuisement des gains de productivité constitue en effet une des caractéristiques essentielles de ce capitalisme. Et ce n'est pas fini. Les projections d'avant Covid montraient qu'en raison de la poursuite du ralentissement des gains de productivité et du vieillissement démographique, la croissance potentielle du monde allait continuer à fléchir. La crise sanitaire sans précédent qui frappe les économies du monde entier devrait encore assombrir les perspectives et jeter un doute sur leur capacité à fabriquer de la croissance, une croissance si possible soutenable pour la planète. Voilà notre monde anxieux de renouer avec les promesses d'un Joseph Schumpeter, et d'un Joseph Schumpeter « durable » en quelque sorte... À moins que celui-ci ne soit pour longtemps porté disparu ?

CHAPITRE 3

L'inefficacité, pathologie du capitalisme néolibéral

Il ne s'agit pas ici de jeter un regard moral ou éthique sur les vertus ou les limites du capitalisme néolibéral. Notre réflexion portera plutôt sur sa capacité à faire ce qu'il est censé savoir faire le mieux : fabriquer de la croissance et du bien-être pour le plus grand nombre. Or que voyons-nous ? Que la croissance potentielle du monde n'en finit plus de s'étioler doucement : de 4,2 % l'an dans les années 2000, elle est passée à 2,8 % dans la décennie suivante et devrait continuer à glisser vers 2,3 % en moyenne dans la décennie 2020 puis à 2 % dans la suivante. Divisée par deux en trente ans (voir plus bas graphique 8). Et tout cela avant l'arrivée de la Covid et de son terrible cortège. On sait pertinemment que toute récession affecte durablement le niveau de la croissance potentielle. À ce stade de la réflexion, il nous paraît important de se demander pourquoi cette évolution incontestable des dernières décennies semble prendre en défaut l'analyse de ceux qui estiment qu'au fond les inégalités constituent la contrepartie inévitable de l'efficacité du système. Et que, si tout va bien, si tout se passe comme prévu, celles-ci doivent être transitoires. Les données macroéconomiques des dernières décennies montrent pourtant que nous pouvons aussi avoir durablement à la fois les inégalités et l'inefficacité. Et nous allons essayer de comprendre pourquoi.

Le capitalisme contemporain ne produit plus les richesses promises

Voilà bien en effet la pathologie la plus intrigante du capitalisme contemporain : il est devenu inefficace. Il ne produit plus les richesses promises. En tout cas, plus autant que par le passé. Les hommes et les femmes des pays « riches » ont beau vivre dans des sociétés où les biens et services de toutes sortes abondent et où la vie quotidienne est saturée d'innovations en tout genre, notamment technologiques, la croissance est bel et bien en panne après quarante ans de capitalisme néolibéral dopé à la globalisation et aux « innovations de rupture ». Il suffit pour s'en convaincre d'analyser l'évolution de la croissance potentielle des pays de l'OCDE, croissance que l'on a pris l'habitude de mesurer en faisant la somme de l'évolution des gains de productivité et de l'augmentation de la population active.

Jusqu'à la veille de la crise des *subprimes* en 2008, la croissance potentielle a évolué pendant des décennies autour d'une tendance de 2,5 à 3 % en moyenne pour l'ensemble des pays de l'OCDE. Elle était même supérieure à 4 % aux États-Unis. Après le trou d'air de 2008-2009, elle est repartie de l'avant mais s'est bientôt stabilisée autour de 1,5 % pour les pays de l'OCDE pris dans leur ensemble, à peine 3 % outre-Atlantique. Et il sera difficile d'éviter un nouveau tassement après la crise sanitaire en raison de la destruction de capital productif et de capital humain qui ne manquera pas d'accompagner le recul de l'investissement, les faillites, la montée du chômage. En cause, l'impact des crises et des récessions, le vieillissement démographique et, surtout, l'affaiblissement qui semble irrésistible des gains de productivité (moins de 1 % l'an dans les pays de l'OCDE) et du progrès technique (la productivité globale des facteurs[1]), une productivité globale des facteurs qui est en effet, avec la démographie, la clé de notre prospérité collective. Qu'elle vienne à flancher durablement et nous pouvons dire adieu à notre niveau et à notre mode de vie. Or, c'est bien ce qui s'est mis en place depuis le début du siècle. Et même bien avant.

L'âge d'or de la croissance est derrière nous

Le mouvement a été progressif. Quelques signaux faibles sont apparus ici et là puis ont eu tendance à se multiplier jusqu'à ce qu'un économiste américain de l'Université de Northwestern (Illinois), un certain Robert Gordon, jette un premier pavé dans la mare, en plein milieu de l'été 2012. Ce pavé ? Un modeste Working Paper[2] dont le propos était de poser quelques questions

1. Laquelle mesure la capacité d'un pays à créer des richesses, non pas simplement en accumulant les facteurs de production (capital, travail), mais en les combinant de la manière la plus efficace possible.
2. Robert J. Gordon, *Is U.S. Economy Growth Over ? Faltering Innovation Confronts the Six Headwinds*, National Bureau of Economic Research, Working Paper 18315, août 2012, www.nber.org/papers/w18315.

fondamentales sur les ressorts de la croissance. En guise de préambule, l'auteur précisait simplement qu'il entendait « questionner l'affirmation, largement partagée depuis les travaux de Solow[1] dans les années 1950, que la croissance économique est un processus continu qui durera toujours ». Il récidivera en 2016 avec *The Rise and Fall of American Growth*[2]. Pour lui, la forte croissance de l'économie américaine entre 1870 et 1970 n'était jamais qu'une parenthèse de l'histoire, et la productivité globale des facteurs est désormais sur la mauvaise pente : « L'âge d'or de la croissance est derrière nous. »

Cette thèse, que de nombreux économistes, notamment l'ancien secrétaire d'État américain au Trésor, Larry Summers, ont reprise à leur compte tout en la baptisant d'une formule évocatrice, la « stagnation séculaire » (*secular stagnation*), renvoie aux travaux menés par Alvin Hansen à la fin des années 1930. Ce professeur de Harvard estimait déjà à l'époque, avec certains de ses contemporains, que la Grande Dépression avait marqué le point de départ d'une baisse irrésistible du taux de croissance tendanciel de long terme. La thèse serait invalidée par la croissance des Trente Glorieuses, mais qui aurait pu imaginer, lorsque Hansen a conduit ses travaux, que les nécessités de la reconstruction post-1945 bouleverseraient toute prévision ? En tout cas, la parenthèse des Trente Glorieuses refermée, la question de la croissance n'a pas tardé à refaire surface.

Si la réflexion théorique de Hansen revisitée par Gordon suscite autant d'émoi dans les années 2010 qu'elle en avait provoqué après la crise de 1929, c'est que la capacité du

1. Robert Solow, économiste américain, fut prix Nobel d'économie en 1987 pour ses travaux sur la croissance.
2. Princeton University Press, non traduit.

capitalisme à fabriquer de la croissance s'est encore amoindrie après le choc des *subprimes.* Et pas seulement de l'autre côté de l'Atlantique. Toutes les économies des pays « riches » sont logées à la même enseigne. Partout, on constate un nouvel affaiblissement des gains de productivité et du progrès technique. Partout, la croissance potentielle fléchit.

Le modèle néolibéral a perdu son caractère schumpétérien

La tendance est indiscutable. Tout se passe comme si le capitalisme néolibéral avait rompu avec Joseph Schumpeter (encadré 3). Si nous évoquons ici les mânes de l'auteur de *Capitalisme, socialisme et démocratie*[1], c'est que la vitalité de l'innovation et du progrès technique et cette « destruction créatrice », qui consiste à orchestrer le processus de disparition des secteurs en déclin au profit de nouvelles activités où productivité et croissance sont plus élevées, jouent un rôle essentiel dans la croissance de long terme.

Encadré 3.
Schumpeter et la « destruction créatrice »

Joseph Schumpeter naît en 1883, la même année que Keynes et l'année de la mort de Marx. Comme eux, il aura jusqu'à sa mort en 1950 une réputation d'économiste « hérétique », qui bouscule la pensée économique établie. Ce qui l'intéresse par-dessus tout, c'est l'évolution du système capitaliste : « Il constitue, par sa nature, un type

1. Publié en 1942.

ou une méthode de transformation économique, et non seulement il n'est jamais stationnaire mais il ne pourra jamais le devenir », écrit-il en 1942. Pour lui, le moteur du système, c'est l'innovation et le progrès technique à travers le phénomène de « destruction créatrice ». C'est grâce à un « entrepreneur innovateur » que la dynamique économique se fait sentir à travers des progrès aussi bien quantitatifs (avec l'augmentation du niveau de production) que qualitatifs. L'entrepreneur est l'acteur fondamental de la croissance économique. Son rôle, écrit-il, « consiste à faire une réussite d'une saucisse ou d'une brosse à dents ». C'est un « révolutionnaire » motivé par ses intuitions. Il n'invente pas nécessairement mais il innove en testant de nouveaux produits, en exploitant une nouvelle source de matières premières, en imaginant une nouvelle organisation de la production…

Pour Schumpeter, c'est « par grappes » que les innovations apparaissent tandis que les anciens produits, les anciennes méthodes, bientôt dépassées disparaissent. En effet, « le nouveau ne sort pas de l'ancien, mais à côté de l'ancien, lui fait concurrence jusqu'à lui nuire ». C'est la fameuse « destruction créatrice » qui pour l'économiste autrichien est à la base de la dynamique du capitalisme, « la donnée fondamentale » à laquelle toute entreprise doit s'adapter. La croissance est un processus permanent de création, de destruction et de restructuration des activités économiques. À l'opposé des néoclassiques, toujours à la recherche de l'équilibre, Schumpeter considère que le déséquilibre introduit par l'innovation est un processus normal de « rajeunissement récurrent de l'appareil de production » dans un monde capitaliste en perpétuel mouvement[1].

1. Pour aller plus loin, voir Philippe Aghion, Céline Antonin, Simon Bunel, *Le Pouvoir de la destruction créatrice*, Odile Jacob, 2020.

Or, à partir des années 1990 et surtout du début des années 2000, le capitalisme a perdu son caractère schumpétérien dans l'OCDE : la productivité par tête et le progrès technique se sont mis à ralentir tandis que le renouvellement du tissu économique se faisait à un rythme insuffisant pour soutenir la croissance potentielle (voir graphique 8). Les chiffres attestent aussi de l'ampleur des destructions d'emplois industriels remplacés par des emplois dans les services domestiques peu sophistiqués : depuis le début des années 1980, les premiers ont maigri de 30 % dans l'OCDE quand les seconds ont enflé de 60 %. Un mauvais signal pour la productivité. Sans compter que le capitalisme contemporain est de plus en plus associé, on l'a déjà évoqué, à la concentration des entreprises (surtout aux États-Unis) assortie d'entorses répétées aux règles de la concurrence et à l'apparition de monopoles qui capturent la rente et freinent la croissance.

Graphique 8
OCDE* : croissance potentielle** (volume)

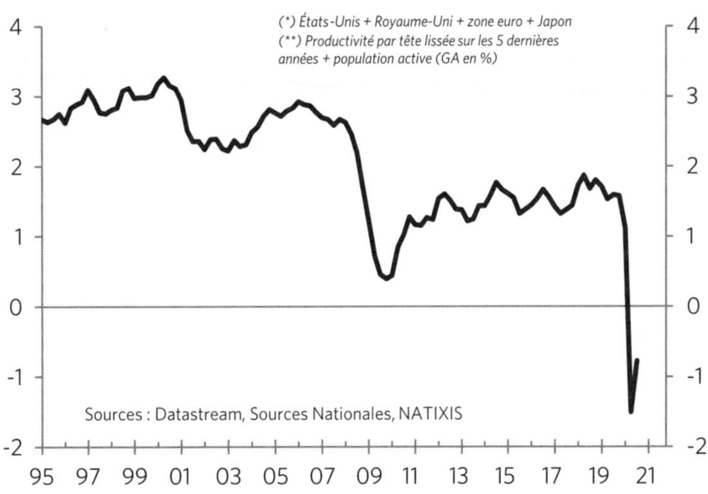

Le constat est d'autant plus troublant que les pays de l'OCDE n'ont apparemment pas ménagé leurs efforts. Les budgets de R&D ont augmenté (les dépenses de recherche sont passées de 2,2 % du PIB en valeur en 1990 à 2,6 % en 2018), le stock de robots industriels et les investissements dans les nouvelles technologies de l'information aussi (respectivement de 0,8 à 2,4 robots pour 100 emplois industriels et de 1 à 3,5 % du PIB en volume). Quant à la proportion de la population ayant bénéficié d'une éducation supérieure, elle est passée de 25 à 42 % – de 1 sur 4 à près de 1 sur 2 – entre 1992 et aujourd'hui. Ce qui n'est pas rien. Autant d'efforts qui auraient dû déboucher sur une accélération de la productivité du travail et/ou du progrès technique. Comment expliquer une telle contre-performance ?

Les hypothèses qui contrarient Schumpeter

Comme souvent, le phénomène a de multiples causes et la plupart suscitent débats et controverses. Il nous semble que cinq d'entre elles sont utiles pour mieux prendre la mesure des tendances de fond qui sont à l'œuvre et réfléchir aux moyens d'extirper nos économies de la destinée qui leur est promise : la persistance d'une croissance faible.

• *Première piste, l'inefficacité grandissante de la recherche.* Souvent évoquée, elle suggère que le recul du progrès technique est peut-être dû à une moindre efficacité de la recherche en dépit de l'augmentation des dépenses qui lui sont consacrées. Une tendance que l'on illustre en général avec l'industrie pharmaceutique : on sait par exemple que le coût de la mise sur le marché d'un nouveau médicament est passé de 150 millions de dollars dans les années 1980 à 600 millions dans les années 1990, 1,5 milliard dans les années 2000 et 2,6 milliards aujourd'hui. Une inflation que l'on observe aussi dans bien d'autres secteurs comme celui des semi-conducteurs ou de l'industrie pétrolière. À cette efficacité décroissante, il faut ajouter la tendance au développement des monopoles, que leur position dominante sur le marché n'incite guère à « chercher ». C'est en effet, chacun le sait, la concurrence qui stimule l'innovation, notamment lorsqu'une économie se rapproche de ce que l'on appelle la « frontière technologique », c'est-à-dire lorsque ses entreprises sont déjà en pointe dans leur domaine et qu'il ne s'agit plus de faire du rattrapage par rapport à des rivales étrangères mais d'ouvrir une nouvelle voie. Globalement, il y a donc un faible nombre de vraies innovations en dépit de dépenses de R&D en hausse.

• *Deuxième piste, l'obsolescence du capital.* Plus complexe à analyser, elle prend en compte l'accélération de l'obsolescence du capital lié au progrès technique, qui augmente son coût d'usage (puisqu'il faut le remplacer plus rapidement) et décourage l'investissement. Si l'on regarde de plus près le taux d'investissement net en valeur, en fait le seul qui importe, on observe que celui-ci s'est effondré depuis trente ans dans l'OCDE, preuve sans doute que les entreprises ont en réalité insuffisamment investi pour compenser la hausse de l'amortissement, l'accélération de l'obsolescence du capital. Le capital se périmant plus vite que par le passé, il aurait fallu faire un effort d'investissement brut encore plus conséquent pour maintenir le niveau de l'investissement net. Or, contrairement à ce qu'un effet d'optique suggère à l'examen des budgets d'investissement, cet effort n'a pas eu lieu. La croissance potentielle ne profiterait donc pas du progrès technique en raison de l'effet négatif de l'accélération de l'obsolescence sur l'accumulation de capital. Ce mécanisme peut expliquer que l'effort d'investissement des entreprises n'ait pas suivi l'augmentation du taux de profit et la baisse des taux d'intérêt réels.

• *Troisième piste, les emplois à faible productivité.* À ce constat, il faut ajouter un élément de réflexion supplémentaire qui éclaire peut-être la déception ressentie à propos de l'impact (jusqu'à maintenant décevant) d'Internet sur les gains de productivité. On s'attendait en effet à ce que le développement des nouvelles technologies détruise des emplois peu qualifiés mais crée des emplois qualifiés en raison de la complémentarité entre ces emplois et le capital technologique, avec à la clé une augmentation des gains de productivité et de la croissance potentielle. Or, ce n'est pas du tout ce que l'on observe depuis la fin de la décennie 1990 ; en tout cas, pas dans des proportions suffisantes. La mise en place des chaînes de valeur mondiales associée aux délocalisations se sont traduites dans l'OCDE par un amaigrissement continu des secteurs où les gains de productivité sont plus élevés qu'ailleurs (en clair, l'industrie manufacturière). Quand le niveau de productivité par tête atteint 120 000 dollars par an en moyenne dans l'industrie manufacturière, les services domestiques pointent à peine au-dessus des 60 000 dollars. Or, depuis les années 1980, l'emploi manufacturier a perdu plus de 30 % de ses effectifs dans les pays de l'OCDE quand les emplois de service augmentaient de 60 %.

L'exemple de la France est éloquent. Selon la dernière enquête annuelle « Besoins en main-d'œuvre (BMO) » de Pôle emploi[1], les cinq métiers les plus recherchés en 2020 dans l'Hexagone étaient (outre les salariés agricoles dont 96 % étaient des saisonniers) les agents d'entretien (124 000), les serveurs de cafés-restaurants (116 200), les cuisiniers et employés de la restauration (101 700), les professionnels de l'animation socioculturelle (94 200) et les aides à domicile et aides ménagères (86 300). Des emplois auxquels on pourrait ajouter les aides-soignants, les manutentionnaires, les agents de sécurité... Soit au total près d'un million d'emplois dans les services domestiques dont la productivité est nettement plus faible que celle des emplois industriels. La déformation – plus ou moins rapide selon les pays – de la structure de l'économie au détriment de l'industrie et en faveur des activités de services n'est pas une bonne nouvelle pour la croissance future des pays de l'OCDE.

• *Quatrième piste, les compétences inadaptées.* Enfin, même si le niveau d'éducation de la population ne cesse de progresser, il est possible que les compétences, la nature des diplômes, correspondent de moins en moins aux besoins de l'économie, un décalage qui pèse sur la productivité. Aux États-Unis comme en zone euro, on observe une tendance à l'augmentation du nombre d'emplois vacants ou des difficultés d'embauche, et cela indépendamment du cycle économique et de l'évolution du chômage, indice d'une inadéquation et/ou insuffisance de l'offre à la demande des entreprises. Cela est vrai notamment en France où le nombre d'emplois non pourvus ne descend guère au-dessous des 200 000. Il faut dire qu'en matière de compétences des adultes, les enquêtes internationales

1. www.statistiques.pole-emploi.org/bmo.

ne sont pas glorieuses pour notre pays : ainsi, la dernière enquête PIAAC de l'OCDE, qui analyse les compétences des adultes dans une quarantaine de pays, situe la France au vingt-quatrième rang, juste après les États-Unis, mais très loin derrière le Japon, la Finlande, les Pays-Bas, la Suède et la Norvège[1]. Tous les indicateurs internationaux sans exception positionnent les adultes français tout comme leurs enfants dans la queue des classements éducatifs : entre la vingt-deuxième et la vingt-cinquième place, qu'il s'agisse effectivement de PIAAC mais tout autant de PIRLS[2] ou de PISA[3]. Ne parlons pas du petit dernier en date : d'après les résultats de l'enquête *Trends in International Mathematics and Science Study* (Timss)[4] réalisée en 2019, publiée en 2020, et consacrée au niveau des élèves de CM1 et de quatrième en mathématiques et en sciences (physique, chimie, sciences de la vie), les jeunes Français se classent derniers de l'Union européenne, et avant-derniers des pays de l'OCDE devant le Chili. Un diagnostic extrêmement inquiétant alors que les besoins de l'économie (nouvelles technologies, santé, pharmacie, énergie…) en scientifiques vont être très importants, ce qui fait craindre une dégradation irrésistible des compétences (déjà faibles) et de l'employabilité des jeunes qui arrivent ou vont arriver sur le marché du travail. Et des résultats qui sont tout à fait cohérents avec ce que l'on observe déjà aujourd'hui, à savoir d'importantes difficultés de recrutement dans l'industrie :

1. Enquête PIAAC 2016 de l'OCDE.
2. Un programme d'évaluation des élèves de CM1 en compréhension de l'écrit.
3. Le Programme international pour le suivi des acquis des élèves créé par l'OCDE est destiné à tester les connaissances des élèves de 15 ans en lecture, sciences et mathématiques.
4. Réalisée en mai 2019 sur un échantillon de 4 186 enfants de CM1 et 3 874 adolescents de quatrième.

1 entreprise sur 2 déclare rencontrer de sérieuses difficultés pour recruter (voir encadré 4).

Encadré 4.
En France, le capitalisme néolibéral plaide non coupable...

En France, on entend souvent dire que le capitalisme néolibéral est responsable de la tension sociale qui s'est installée, qu'à l'instar de ce qui se passe dans la plupart des pays de l'OCDE, il a fait disparaître les politiques de solidarité autrefois pratiquées. Toutefois, l'examen attentif des chiffres ne confirme pas ce diagnostic dans le cas de la France où l'on n'observe pas les désordres recensés ailleurs. **Quelques indicateurs à avoir en tête...**

• **Le partage des revenus continue de se déformer mais en faveur des salariés.**

• **Les inégalités et la pauvreté restent inférieures et augmentent moins vite qu'ailleurs dans l'OCDE :** l'indice de Gini qui mesure les inégalités de revenu après redistribution (échelle de 0 à 1) est de 0,295 contre 0,302 en zone euro et 0,350 dans l'OCDE[1]. Quant au pourcentage de la population qui vit sous le seuil de pauvreté[2], elle est de 14 % en France contre 18 % en zone euro hors France et 21 % dans l'OCDE.

• **La générosité de la protection sociale et des politiques redistributives est plus importante qu'ailleurs :** les dépenses publiques de protection sociale[3] représentent un peu plus de 28 % de l'ensemble des dépenses publiques contre à peine 25 % en zone euro hors France et 19 % dans les quatre grands pays ou zone de l'OCDE.

1. États-Unis, Royaume-Uni, zone euro et Japon.
2. 60 % du revenu équivalent médian.
3. Santé + retraites + marché du travail + logement + famille.

• **Le recul de l'emploi industriel doit beaucoup au progrès technique et peu, contrairement à une autre idée reçue, à la globalisation :** c'est vis-à-vis de la zone euro et non des pays émergents que la balance commerciale française ne cesse de se dégrader depuis vingt ans. Il faut donc chercher ailleurs les raisons de la poussée des tensions sociales dans l'Hexagone. Par exemple :

- dans **la dégradation de la qualité des emplois et le recul induit de la mobilité sociale** avec la disparition des emplois intermédiaires ;
- dans **la permanence de l'impact inégalitaire du système éducatif** (dans l'enquête PISA 2019, l'écart des scores entre enfants de parents favorisés et enfants de parents défavorisés atteint 107 en France, contre 89 dans l'ensemble des pays de l'OCDE) ;
- dans **le coût croissant du logement, loyer et achat confondus**. En vingt ans, le ratio prix des maisons/salaire nominal par tête a augmenté de 50 %.

Le niveau d'éducation et de compétences des nouvelles générations est un sujet de préoccupation dans les pays dits « riches ». À commencer par la proportion élevée des jeunes de 15 à 29 ans déscolarisés et sans emploi (ceux que l'on a baptisés les NEET pour *Not in Education, Employment or Training*), laquelle révèle la dégradation de la qualité des systèmes éducatifs et des systèmes de formation professionnelle avec, dans l'OCDE, plus de 12 % de la population concernée. Un chiffre d'avant la crise sanitaire. Ceux que l'on appelle les « décrocheurs » risquent fort en effet d'être les premières victimes de la crise économique en cours. En septembre 2020, l'Union européenne comptait près de 3 millions de jeunes de moins de 25 ans au chômage (soit un taux de chômage de 17,1 % contre 15 % avant la crise). Avec un taux de 19 %, la France se situe légèrement au-dessus de la moyenne, mais certaines situations sont devenues vraiment explosives : en Espagne, le taux de chômage des moins de 25 ans atteint 41,7 %, en Grèce 39,3 % et en Italie 29,7 %. Chez les « décrocheurs », la situation est encore plus critique : selon Eurostat, ils représentent 10 % des 15-24 ans, 12,5 % si on élargit la tranche d'âge aux 15-29 ans. Avec des écarts très significatifs entre Nord et Sud : ils sont plus de 22 % en Italie, 1 jeune sur 5, contre 5 % à 7 % aux Pays-Bas, en Suède et en Norvège. L'éducation est le facteur essentiel de cette précarisation : les jeunes n'ayant pas fait d'études secondaires ont deux fois plus de « chances » de « décrocher » que ceux qui sont allés plus loin. Sans compter que si l'on veut évaluer la population des jeunes en situation d'exclusion, il faut ajouter les jeunes en emploi précaire. La précarité tend à devenir la règle en matière d'emploi des jeunes et augmente sensiblement le risque de pauvreté, un cercle vicieux qui risque fort d'être encore alimenté par les effets de la crise actuelle, effets qui sont loin d'avoir encore montré toute leur capacité de nuisance.

• *Cinquième piste, la succession des crises.* On le sait, les crises, les récessions, détruisent des emplois, notamment ceux des plus fragiles, mais minent aussi la croissance potentielle car elles affectent les gains de productivité en détruisant du capital productif (faillites, recul de l'investissement) et du capital humain avec l'augmentation du chômage et la nécessité de transférer des salariés des secteurs en difficulté vers les secteurs en meilleure santé. On a vu en particulier que les récessions accélèrent la désindustrialisation donc exigent un transfert des emplois de l'industrie vers les services, ce qui accélère l'obsolescence de certaines qualifications et accroît le chômage structurel. Or conditions de vie dégradées et pauvreté monétaire éloignent de l'emploi, de la santé et de l'éducation. La bataille de l'équité rejoint ici celle de l'efficacité car y remédier bénéficie à l'économie, notamment par une plus grande mobilité sociale.

La Covid, un obstacle supplémentaire à la « destruction créatrice »

Les optimistes espèrent toutefois voir la dynamique schumpétérienne reprendre de la vigueur après la crise sanitaire grâce à l'accélération de l'élimination « naturelle » des entreprises fragiles et/ou vieillissantes accompagnée d'un redéploiement des facteurs de production vers des activités plus productives, plus haut de gamme, d'un effort de robotisation, de modernisation de l'organisation des entreprises, le développement de nouvelles technologies (hydrogène et piles à combustible, énergies renouvelables, capture du carbone, éolien flottant...), la montée en puissance de l'utilisation du télétravail (dont les études montrent qu'il augmente la productivité) et de la distribution en ligne (qui accroît l'efficacité de la distribution), le développement de secteurs à valeur ajoutée (pharmacie, santé, services informatiques, télécoms). Certains experts éminents défendent même la thèse qu'il faut accepter cette « destruction créatrice » et les inégalités qui l'accompagnent pour espérer renouer avec l'innovation et la croissance, arguant du fait que ces inégalités douloureuses pour certains seront temporaires avant que ne puisse s'installer un nouveau sentier de croissance plus équitable et plus durable.

Toutefois, ce que nous observons aujourd'hui, c'est-à-dire une situation où inégalités et inefficacité cohabitent, doit inciter à la prudence. La récession va faire à nouveau reculer la croissance potentielle puisqu'il y aura à la fois perte de capital productif et perte de capital humain dans un écosystème où les entreprises sont tétanisées par l'augmentation de leur endettement et le halo d'incertitudes qui entourent leur activité. À moins qu'elles ne soient carrément maintenues artificiellement en vie alors qu'elles devraient disparaître au profit de la création d'autres activités où productivité et croissance sont plus élevées. Dans l'OCDE, la proportion d'entreprises zombies a grimpé de 1 à 15 % depuis 1990. Ces entreprises investissent peu, se développent peu, sont peu efficaces, et leur nombre croissant pèse lui aussi sur les gains de productivité. Le mouvement s'accélère depuis la crise et rien n'est moins schumpétérien !

En réalité, la crise de la Covid pourrait favoriser dans les pays de l'OCDE trois évolutions préoccupantes. D'abord, une nouvelle vague de destructions d'emplois industriels avec la faiblesse durable de l'industrie automobile, de l'aéronautique, et ses conséquences sur l'ensemble du secteur des biens d'équipement. Ces destructions d'emplois portent sur des emplois qualifiés, sophistiqués, d'où le caractère « antidestruction créatrice » de cette crise. Ainsi, en France, la filière aéronautique connaît sa pire crise depuis la Seconde Guerre mondiale. En six mois, les six premiers de la crise sanitaire, celle-ci aura supprimé quelque 10 600 emplois, soit l'équivalent de dix années de créations d'emplois selon les calculs de l'observatoire de l'investissement et de l'emploi Trendeo. Le nombre de suppressions de postes excède même les 14 000 si l'on prend en compte la filière au sens large, c'est-à-dire si l'on intègre les sous-traitants de la métallurgie, de l'ingénierie, de la plasturgie et des textiles techniques. Airbus avait annoncé dès le 30 juin 2020 la suppression de près de 15 000 postes d'ici à l'été 2021 dont 4 952 emplois en France. Quant à Thalès, le groupe a identifié un sureffectif d'environ 1 000 emplois dans sa division avionique. Dans l'industrie automobile, Renault a obtenu un accord syndical pour la suppression de 2 500 emplois, sur la base du volontariat, dans l'ingénierie et le tertiaire, 2 100 suppressions de postes restant à négocier dans les usines. De même, Valéo a annoncé la suppression de 2 000 emplois en France au premier semestre 2020. Cette fragilisation du tissu industriel qui affecte ce qu'il reste des points forts tricolores va amplifier le mouvement de baisse de la qualité des emplois, de la productivité par tête et, par conséquent, de la croissance potentielle.

Le capital humain est évidemment touché. Un salarié de l'industrie qui perd son emploi a une qualification qui n'est souvent plus adaptée aux emplois disponibles. Or, rappelons-le, les pays de l'OCDE ont déjà perdu quelque 15 % de leurs emplois industriels depuis le début du siècle. Compte tenu de l'écart de coût de production entre ces pays et les pays émergents (du simple au double si l'on prend l'ensemble des pays émergents, y compris la Chine), il est à craindre que les seules activités industrielles qui puissent encore se développer dans les pays de l'OCDE soient fortement automatisées et robotisées, et créent peu d'emplois. La tendance, déjà à l'œuvre depuis une vingtaine d'années, qui veut que ces emplois soient remplacés par des emplois de services peu sophistiqués dont la productivité est nettement plus faible devrait s'en trouver encore renforcée. Le risque après la crise sanitaire est donc que les destructions d'emplois industriels soient massives, que ces emplois soient remplacés par des emplois de services peu ou pas qualifiés et que le nombre d'entreprises maintenues artificiellement en vie explose, autant d'éléments qui compromettraient l'espoir de voir cette crise favoriser l'émergence d'un nouveau modèle plus efficace.

Ce phénomène postcrise, on l'a déjà observé après la crise des *subprimes*. La croissance potentielle avait nettement reculé en raison d'un coup de frein sur l'accumulation du capital (le stock net de capital a plongé en 2009 avant de se redresser, mais sans retrouver son niveau d'avant 2008), de la dégradation de la situation financière des entreprises visible à l'augmentation de l'endettement et du nombre d'entreprises « zombies », et de la dégradation de l'employabilité des salariés exprimée par l'augmentation du chômage de longue durée (jusqu'à 4,5 % aux États-Unis, jusqu'à 6 % en zone euro) ou par la baisse du taux d'emploi (descendu jusqu'à 66 % aux États-Unis en 2010, 72 % en zone euro). La croissance potentielle s'est alors brièvement effondrée dans les pays de l'OCDE, passant de près de 3 à 0,5 % en volume avant de remonter pour s'installer un étiage plus bas, sur un plateau de 1,5 %, un niveau où elle se situait toujours à la veille de la crise de la Covid. L'année 2020 a été à son tour marquée par un « stop & go » associé aux plans de relance et aux vagues successives de l'épidémie, rendant peu lisible la course de la croissance au cœur de la crise sanitaire. On peut espérer qu'à partir de l'été 2021 le vaccin puisse progressivement mettre un terme à ces montagnes russes. Toutefois, il est à craindre que des causes durables provoquent un nouveau recul de la croissance potentielle dans les années qui viennent. Le capitalisme néolibéral a perdu progressivement son caractère schumpétérien et loin de se transformer en bienfaitrice de la « destruction créatrice » censée favoriser cette croissance potentielle tant chérie, chaque récession contribue, pour les raisons déjà évoquées, à alimenter un peu plus la tendance.

Soutenir la croissance quoi qu'il en coûte

Pour autant, le système voudrait absolument continuer à fonctionner comme avant. Pour continuer à faire tourner le système, il faut donc remettre, remettre encore et encore, du carburant dans la machine. Soutenir la croissance quoi qu'il en coûte. La question n'est pas nouvelle : elle se pose depuis le début des années 1990, période à partir de laquelle les États et les banques centrales se sont mis en peine de soutenir l'activité par une politique budgétaire et une politique monétaire expansionnistes afin de stimuler la croissance. Et peu importe si nombre de nos malheurs ont partie liée avec un problème d'offre, c'est à la demande que les uns et les autres ont confié au fil des années l'avenir de l'économie mondiale. Dès lors, le capitalisme néolibéral a cessé de vouloir être schumpétérien pour devenir un capitalisme de la dette et de la création monétaire. On a vu apparaître une augmentation irrésistible de l'endettement privé puis public et, surtout à partir de 2000, des taux d'intérêt anormalement bas par rapport à la croissance puis une hausse très rapide de l'offre de monnaie. Deux chiffres illustrent mieux qu'un long discours cette évolution qui semble irrésistible : à la fin de 2020, le taux d'intérêt à dix ans a glissé jusqu'à 0,3 % en moyenne dans l'OCDE et la base monétaire a dépassé les 25 000 milliards de dollars. L'économie mondiale s'est transformée en grand corps malade et les États et les banques centrales ont choisi de l'équiper de béquilles afin qu'il puisse continuer à avancer, à générer les profits substantiels susceptibles de ne pas décevoir ses actionnaires. Mais il s'agit d'une stratégie à haut risque qui veut ignorer les risques financiers, politiques et sociaux que celle-ci charrie dans son sillage. Avant d'analyser les désordres et les risques que cet attelage nous promet, il nous a paru utile de revenir sur les temps forts d'une stratégie mise en place depuis la fin du siècle dernier.

CHAPITRE 4

Le capitalisme néolibéral et ses trois béquilles

Depuis des décennies, le capitalisme néolibéral se tire une balle dans le pied. Pour garantir quoi qu'il en coûte une rentabilité élevée du capital à ses actionnaires, il sacrifie une partie des revenus qui devraient légitimement revenir aux salariés. D'où la faiblesse chronique des salaires réels et de la demande des ménages, faiblesse qui freine la croissance et l'accumulation du capital. Il ne faut jamais perdre de vue en effet ce lien déjà évoqué entre la demande et l'offre. Comment l'austérité salariale n'aurait-elle pas une incidence directe sur l'offre ? Toute entreprise qui a peu de perspectives d'écouler ses produits, ne va pas s'empresser d'investir ! Pour continuer à faire tout de même tourner la machine et préserver un certain niveau de profit en dépit du fléchissement de la création de richesses, le capitalisme doit donc impérativement soigner la maladie de langueur de la demande qu'il a lui-même installée au cœur du système.

Pour tenter d'y parvenir, une seule solution : imaginer les « béquilles » qui vont continuer à le faire tourner et éviter que la croissance, trop chétive, ne fasse apparaître un chômage structurel élevé. Bref, recourir à ce que l'on appellera un capitalisme de l'endettement et de la création monétaire.

Première béquille, l'endettement des ménages

On l'a dit, c'est dès le milieu des années 1990, et au moment même où on célèbre la « victoire » du capitalisme néolibéral désormais sans rival après la chute du Mur, que la croissance commence à donner ses premiers signes de faiblesse dans les pays « riches ». Pour soutenir une demande affaiblie par l'austérité salariale, la première recette, la plus triviale, est d'encourager les ménages à consommer quand même, c'est-à-dire à s'endetter afin de pouvoir partir en vacances, acheter voitures, logements et biens de consommation de toutes sortes. Les banquiers centraux, à commencer par Alan Greenspan, le président de la Federal Reserve américaine, décident de ne pas rester les bras croisés et de mener des politiques monétaires proactives, qui privilégient la croissance à tout prix, y compris lorsque les économies sont censées évoluer naturellement vers une phase descendante du cycle économique. Une sorte d'activisme monétaire qui ressemble en réalité à une nouvelle théorie de la monnaie et s'écarte de ce point de vue des positions de Milton Friedman qui a toujours été opposé à une conception discrétionnaire de la politique monétaire et préconisé un contrôle rigoureux de la création monétaire, donc de l'action de la banque centrale, seule manière selon le fondateur de l'école de Chicago de lutter contre l'inflation et de réguler les cycles.

Si les banquiers centraux optent à l'époque pour des politiques monétaires plus agressives de stimulation de la demande en abaissant le loyer de l'argent, c'est que l'inflation tout comme les taux d'intérêt sur longue période semblent sous contrôle. Comment dès lors ne pas se prendre à rêver d'une situation où une croissance régulière cohabiterait harmonieusement avec un faible niveau de chômage et une inflation contenue ? Époque bénie qui voit naître le concept de « grande modération », une théorie qui établit un lien entre la crédibilité de la politique monétaire et cette stabilité tant désirée de la croissance, de l'inflation et des taux d'intérêt sur longue période. David Shulman, économiste américain pour la banque d'investissement Salomon Brothers, parlera d'« économie boucle d'or » (*goldilocks economy*[1]), celle qui « tient les ours à l'écart », ni trop chaude (pour éviter l'inflation), ni trop froide (pour éviter la récession), comme le bol de soupe choisi par Boucle d'or dans la maison des ours, pour caractériser cette situation d'équilibre qui permet à l'économie de prospérer et d'afficher une croissance stable. Mais en revendiquant une forte préférence pour la croissance, les banques centrales vont bientôt se désintéresser de la dérive de l'endettement et de l'envolée des prix d'actifs.

C'est ainsi qu'aux États-Unis même les ménages modestes dont la solvabilité est incertaine sont irrésistiblement

1. David Shulman, *The Goldilocks Economy : Keeping the Bears at Bay*, Salomon Brothers, mars 1992.

entraînés dans l'aventure des crédits hypothécaires (les *subprimes loans*). Entre 1990 et 2007, la dette des ménages passera de 80 % à près de 120 % du revenu disponible dans les pays de l'OCDE. Elle atteindra même 167 % au Royaume-Uni, 144 % aux États-Unis, 101 % en France, en 2007. Et rien ne semble devoir stopper le mouvement jusqu'à ce que, dans la chaleur de l'été 2007, la conjonction entre une hausse des taux directeurs de la Federal Reserve, la banque centrale américaine, et le retournement du marché immobilier n'allume la mèche.

La crise financière qui éclate est d'abord une crise des crédits hypothécaires à risque, un marché somme toute modeste, mais la contagion qui va se répandre à la manière d'une pandémie révèle tout à coup la fragilité du système financier mondial. Le fameux battement d'ailes du papillon sur le minuscule marché des *subprimes* américain déclenche une tornade sur l'ensemble de la planète finance et une « destruction de valeur » que les experts chiffreront finalement à quelque 14 000 milliards de dollars. « *Greed is good* », mais jusqu'à un certain point. Le retournement est si brutal que le taux de défaut des ménages s'envole, prélude à un désendettement massif. Lorsque la route du crédit est coupée, la part de la demande privée financée à crédit ne tarde pas à s'évaporer, qu'il s'agisse des achats de biens durables par les ménages ou de l'investissement des entreprises brutalement renvoyées à la dure réalité de leurs comptes d'exploitation. À partir de 2008, il est devenu inimaginable de continuer à encourager l'endettement des ménages pour soutenir la demande et, en même temps, la crise financière a provoqué un tel effondrement de la croissance que les États n'ont pas le choix : ils doivent prendre le relais pour extirper l'économie mondiale de la récession. Il n'est plus question alors de modération, petite ou grande. Les États vont mettre la main à la poche « quoi qu'il en coûte » (déjà).

Deuxième béquille, l'endettement public

Les politiques budgétaires sont mobilisées. Dans les pays de l'OCDE, le déficit public se creuse, la dette publique s'envole (voir graphiques 9 et 10). Elle passe d'un peu plus de 70 % du PIB au tournant du siècle à près de 120 % au début de la décennie 2010.

Pour réparer leurs économies fortement secouées par la crise des *subprimes* de 2008-2009, les gouvernements ont organisé une vaste opération de transfert d'argent public vers les ménages et les entreprises afin d'éviter le pire. Cela est notamment le cas dans la zone euro où les déficits publics avaient déjà commencé à se creuser avant 2008 ; notamment dans les pays dits « périphériques », ceux du sud de l'Europe. La création de l'euro avait en effet provoqué une forte baisse des taux d'intérêt dans ces pays qui pouvaient désormais bénéficier de la crédibilité monétaire des pays du « cœur » de la zone. Songeons que, grâce à la monnaie unique, les taux d'intérêt à trois mois ont baissé de 22 à 3 % en Grèce, de 15 à 3 % en Espagne et en Italie et de 20 à 3 % en Irlande ! Mais les États n'ont pris aucune mesure (excédents budgétaires structurels, taxation des plus-values...) pour compenser le stimulus associé à la baisse des taux d'intérêt dans ces pays. L'Italie, le Portugal et la Grèce ont même continué à afficher des déficits structurels.

Graphique 9
OCDE* : dette publique (en % du PIB valeur)

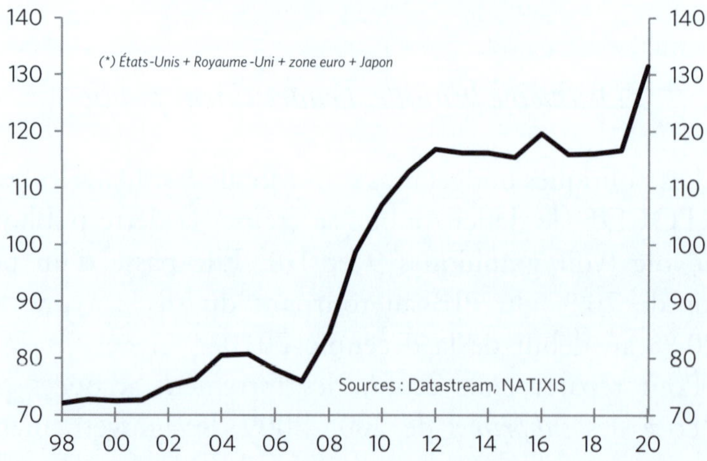

Graphique 10
OCDE* : déficit public (en % du PIB valeur)

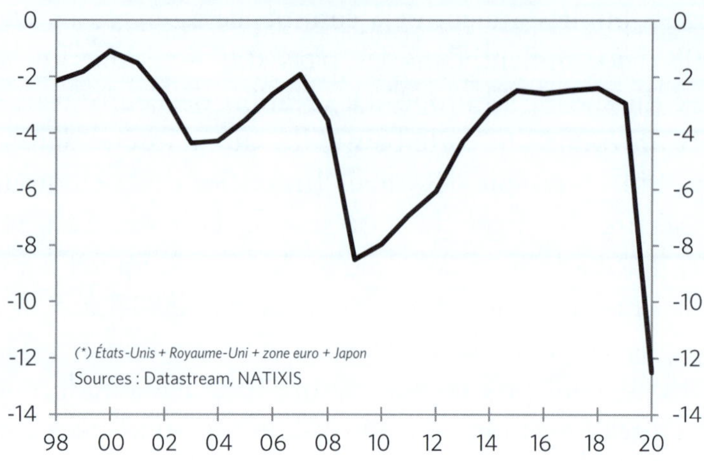

Jusqu'à la crise de 2008-2009, l'existence de l'union monétaire a favorisé, comme ses pères fondateurs l'espéraient, une circulation des capitaux entre les différents pays membres de la zone euro. Les pays aux poches profondes (revenu par tête élevé et excédent d'épargne) comme l'Allemagne, les Pays-Bas ou l'Autriche, ont joué le jeu et financé sans états d'âme les besoins de leurs partenaires grecs, portugais, espagnols ou italiens dans les mêmes conditions que la dette allemande, ce qui a eu pour effet de faire disparaître les primes de risque correspondant normalement aux déficits publics excessifs, aux dettes publiques et privées trop élevées, aux croissances potentielles faibles. En fait, la « discipline de marché » avait fini par disparaître. Mais tout a basculé en 2009. Effrayées par le niveau d'endettement atteint par ces dispendieuses cigales du Sud, les fourmis du Nord ont brutalement fermé le robinet des capitaux. C'est ainsi qu'un certain nombre de pays de la zone euro, à commencer par la Grèce, mais aussi l'Espagne, le Portugal, l'Italie et même l'Irlande, qui s'étaient endettés au-delà du raisonnable, et de surcroît pour financer des crédits aux ménages et des bulles immobilières plutôt que des investissements productifs, se sont retrouvés en grande difficulté. Les autorités gouvernementales et monétaires avaient laissé faire. Il aurait fallu prévoir que la création de l'euro allait faire fortement baisser les taux d'intérêt dans les pays périphériques et que, si elle n'était pas corrigée par des politiques macroprudentielles (réglementation des banques, limitation de l'endettement, taxation des plus-values en capital…), cette baisse fabriquerait une forte instabilité financière. Première erreur d'appréciation. Il en résulte une crise de la dette publique avec forte hausse des taux d'intérêt dans les pays périphériques, associée à une crise de balance des paiements, c'est-à-dire à une crise de l'endettement extérieur. Une double crise qui allait menacer l'existence même de l'euro.

Pour faire disparaître ces déficits extérieurs, lutter contre l'instabilité et stopper l'engrenage de l'augmentation du taux d'endettement public, les gouvernements des pays concernés feront *a posteriori* le choix d'organiser la contraction de la demande intérieure au moyen d'une hausse du loyer de l'argent et de politiques budgétaires prématurément restrictives.

Une deuxième erreur d'appréciation, d'autant que cette réduction des déficits publics se fait essentiellement à l'aide d'une augmentation de la pression fiscale, ce qui renforce encore l'effet restrictif de la politique budgétaire sur l'activité au moment où le chômage continue à augmenter (il est passé de 7 à 12 % en zone euro entre 2008 et 2012). Il en résulte une rechute de l'économie de la zone euro qui s'enfonce dans la crise (la croissance redevient négative de 2011 à 2013) quand l'économie américaine repart. On a appris depuis que la politique budgétaire doit être maintenue durablement expansionniste après une récession afin d'éviter une rechute de l'économie. On a compris aussi qu'il est nécessaire de mettre en place une réaction de politique monétaire pour traiter une situation où se mêlent crise de la dette publique, crise de la dette extérieure et, en l'occurrence, menace d'explosion de l'euro. Pourtant, ce n'est qu'en 2015 que la BCE mettra en place une politique de *quantitative easing* (*QE*, ou assouplissement quantitatif) avec des achats de dette publique qui feront disparaître l'anticipation d'explosion de l'euro et baisser les taux d'intérêt sur les dettes des pays périphériques.

La FED avait lancé un tel programme dès novembre 2008, bientôt suivie par le Royaume-Uni (en mars 2009) puis par le Japon (2013). Ces politiques monétaires initiées dans la décennie 2010 se traduisent par des taux d'intérêt à court et à long terme inférieurs au taux de croissance nominale, signe de leur caractère expansionniste : après la dette privée, il s'agit bien de la poursuite de l'expansion du crédit par d'autres moyens. Il faut souligner que ces politiques ont un caractère « pathologique » : une situation où le taux d'intérêt est durablement inférieur au taux de croissance incite en effet les acteurs à s'endetter au-delà du raisonnable puisque n'importe quel taux d'endettement (le rapport dette/revenu) leur semblera supportable dès lors que, mécaniquement et toutes choses égales par ailleurs, il diminuera. Mais elles expriment bien la volonté des banquiers centraux de compenser une demande trop faible par une expansion ininterrompue du crédit.

Troisième béquille, la monétisation des dettes publiques

En ouvrant en grand le robinet des liquidités, les banquiers centraux espèrent stimuler la demande et lutter contre une affection passagère, se refusant à croire qu'il s'agit, en ce qui concerne les pays de l'OCDE en tout cas, d'un étiolement pernicieux de la croissance potentielle. En tout cas, avec la « disparition » de l'inflation, ils se sentent les mains libres pour mettre, sans aucune restriction, la politique monétaire au service de la croissance. Au point de confondre parfois création monétaire et création de richesses. Et par chance il n'existe aucune limite technique ou réglementaire à l'augmentation du bilan d'une banque centrale : aucune loi, aucune réglementation, ne peut interdire à celle-ci de créer de la monnaie pour acheter des actifs.

En temps « normal », la banque centrale se contente d'agir sur le prix de l'argent pour peser sur l'économie. C'est ce qu'elle fait en montant ou en abaissant ses taux directeurs (le « loyer » de l'argent). Si elle les monte, ménages et entreprises réfléchiront à deux fois avant de s'endetter pour acquérir un bien ou de réaliser un investissement et l'économie tournera un peu moins vite. L'inflation et la croissance aussi. Si, au contraire, elle les baisse, le crédit deviendra moins cher et incitera les agents économiques à s'endetter pour consommer ou investir davantage. En période de crise, comme celle des *subprimes*, cette politique monétaire dite « expansionniste » (la baisse des taux d'intérêt) a pour objectif de stimuler la croissance et d'éviter une catastrophe. C'est ainsi qu'à partir de 2009, les banques centrales ont laissé filer leurs taux vers des plus bas historiques. Mais il arrive forcément un moment où l'efficacité de la politique monétaire *via* le taux d'intérêt trouve sa limite. Lorsque celui-ci tutoie le zéro, son efficacité se heurte au phénomène de la « trappe à liquidités » théorisé par Keynes dès les années 1930 : une fois que le taux d'intérêt a chuté en deçà d'un certain niveau, la préférence pour la liquidité est telle qu'elle devient absolue, dans le sens où presque tout le monde préfère conserver de la monnaie plutôt que de détenir de la dette qui ne rapporte plus rien. La situation caractérise en général une économie à tendance déflationniste où le loyer de l'argent est bas, les prix des biens et services stagnants voire en baisse, la propension à épargner et la préférence pour le cash manifestes. Dans ces conditions, les banques centrales doivent se donner d'autres moyens d'agir, et d'agir en particulier sur la quantité de monnaie en circulation plutôt que sur son prix. C'est ainsi que le *quantitative easing* est entré en scène d'abord au Japon dès 2001 et surtout après la crise financière de 2008 dans l'ensemble des grandes économies occidentales. On parle de politique monétaire « non conventionnelle » dans la mesure où la banque centrale qui y a recours n'utilise pas les outils traditionnels de la politique monétaire (les taux directeurs).

Comme son nom l'indique, le *quantitative easing* (assouplissement quantitatif) permet d'agir sur la quantité de monnaie en circulation. Concrètement, les banques centrales se débrouillent pour l'augmenter en achetant elles-mêmes des actifs (essentiellement des obligations) sur le marché financier. On dit communément que les banques centrales font « tourner la planche à billets », ce qui évidemment est une métaphore puisque le monde moderne ne tolère plus ni planche ni billet. Juste un jeu d'écritures. Les banques centrales rachètent de la dette, autrement dit des obligations publiques ou privées, le plus souvent publiques, auprès des grands investisseurs, banques, compagnies d'assurances et autres fonds. Elles paient leurs emplettes en créant de la monnaie, cet argent frais vient gonfler les réserves des vendeurs (d'où la formule d'assouplissement « quantitatif ») et leur permet, en théorie, de distribuer davantage de crédits – et du crédit moins cher – aux entreprises et aux ménages, lesquels retrouvent une marge de manœuvre pour investir et consommer, ce qui est censé doper l'activité et la croissance. En outre, le fait que la banque centrale achète massivement des obligations fait baisser leur rendement (l'augmentation de la demande d'obligation fait monter leur prix, donc leur rendement baisse), ce qui incite les investisseurs à acheter d'autres actifs financiers que les titres obligataires qui désormais rapportent moins. Du coup, les banques prêteront plutôt l'argent aux particuliers et aux entreprises, et les « non-banques » (fonds d'investissement, *hedge funds*...) s'intéresseront à des investissements plus risqués dans les start-up, les PME. C'est en tout cas le calcul des autorités monétaires. En outre, la baisse des rendements obligataires est contagieuse : elle entraîne une baisse des taux des prêts bancaires accordés, ce qui est bon pour l'activité.

Au fil des années, les taux d'endettement public ont pris l'ascenseur (à la veille de la crise sanitaire, ils avaient atteint 100 % du PIB en Europe, 115 % aux États-Unis, 225 % au Japon) tandis que la base monétaire des pays de l'OCDE se mettait à gonfler très rapidement (de moins de 2 500 milliards de dollars en 2000, elle a atteint 15 000 milliards de dollars en 2019). Six fois plus (graphique 11). Un engrenage diabolique dont il est très difficile de sortir car les marchés surréagissent de manière négative au moindre signe pouvant laisser penser qu'une banque centrale réfléchit à un tour de vis. Au contraire, la persistance d'une croissance faible associée à une succession de crises entraîne les banques centrales dans une irrésistible fuite en avant. Avec celle de 2020, la planète est définitivement entrée dans une nouvelle étape de création monétaire à grande échelle. Une nouvelle étape de monétisation des dettes publiques par les banques centrales.

Graphique 11
OCDE* : base monétaire (Md $)

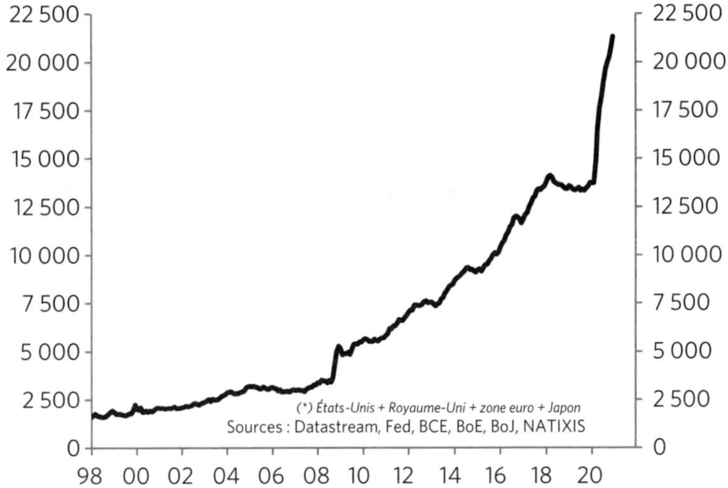

Y a-t-il une limite à l'endettement public ?

En réponse à la crise de la Covid, les pays de l'OCDE ont dû laisser filer leurs déficits publics en 2020 (12,4 % de PIB), avec 11,66 % de PIB en zone euro, 14,2 % au Japon, 19,6 % au Royaume-Uni, 15,4 % aux États-Unis, 8,2 % de PIB en Allemagne et 11,5 % en France. Une tendance qui devrait être à peine moins lourde en 2021 avec la poursuite des plans de relance. Comment financer pareille avalanche de milliards sinon en s'endettant une fois de plus massivement ? L'addition suscite d'autant plus d'inquiétudes qu'avant même la crise sanitaire ils étaient déjà très endettés pour les raisons qui viennent d'être évoquées : une politique de taux d'intérêt à long terme très bas associée à la monétisation des dettes publiques dans le cadre du *QE* ne pouvait qu'encourager les gouvernements à laisser filer les déficits puisque les intérêts à payer sur la dette étaient (et restent) très faibles et que la monétisation de la dette publique valait annulation de la partie achetée par la banque centrale (nous y reviendrons). Après le passage du virus, la dette publique des pays de l'OCDE qui était déjà de 117 % du PIB à la fin 2019 a grimpé jusqu'à 131 % à la fin 2020 et nul ne sait vraiment quand on pourra stopper le mouvement. Les situations sont certes hétérogènes (la dette japonaise atteint 120 % quand l'allemande n'excède pas 71 % avec, entre les deux, la dette française à 120 % de PIB et la dette américaine à 128 %), mais globalement la seule question que tout le monde se pose est celle de savoir où se trouve la limite ?

À ce stade, un petit détour par la théorie économique s'impose. Celle-ci nous enseigne qu'il y a normalement une limite à l'endettement public. Cette limite, c'est la perte de confiance des investisseurs et des épargnants. Si un pays s'endette de manière considérée comme déraisonnable, les prêteurs finissent toujours par exiger une rémunération en rapport avec le risque qu'ils estiment prendre en continuant à le financer. Les taux d'intérêt commencent alors à grimper, compromettant du même coup les dépenses du secteur privé. C'est ce que l'on appelle l'effet d'éviction. Pour éviter qu'un tel scénario se produise, il faut que les banques centrales achètent la dette publique en lieu et place des épargnants privés (ménages, investisseurs). Et c'est exactement ce qu'elles ont fait dès mars 2020.

Championne toutes catégories, la Federal Reserve américaine (FED) a porté son bilan au-delà des 9 400 milliards de dollars, soit près de 40 % du PIB des États-Unis. La Banque centrale européenne (BCE) lui a emboîté le pas avec un bilan de quelque 53 % du PIB de la zone en 2020 (7 000 milliards d'euros). Sans parler de la Banque du Japon dont le total bilan est depuis 2018 déjà supérieur à 120 % du PIB (l'équivalent de 6 200 milliards d'euros à fin 2020) ! En 2008, le bilan des trois principales banques centrales de la planète représentait un peu plus de 5 000 milliards de dollars. En 2020, il tutoyait les 25 000 milliards. Sans vraiment le dire, les banques centrales ont organisé la monétisation de l'économie en finançant directement les gouvernements, ce qui assure *de facto* la solvabilité des États tout en évitant une hausse du prix de l'argent à long terme. En 2020, l'encours de dettes publiques détenu par les banques centrales avait atteint 12 000 milliards de dollars dans les pays de l'OCDE, un montant douze fois plus élevé qu'en 2008, et les banques centrales accru l'offre de monnaie de 75 % environ. La violence du choc sanitaire explique évidemment cette évolution. Mais, on l'a vu, les pays de l'OCDE n'avaient pas attendu l'arrivée de la Covid pour mettre en place des politiques monétaires continûment accommodantes.

Le principe est toujours le même : les États émettent des dettes obligataires mais celles-ci sont immédiatement achetées par les banques centrales et remplacées par de la monnaie. À ce stade, il faut bien comprendre que cette sorte de « monnaie hélicoptère » d'un nouveau genre (la monnaie est distribuée directement aux agents économiques sans contrepartie) est efficace et apparemment indolore dès lors que la banque centrale ne décide pas de réduire son bilan, c'est-à-dire de revendre cette dette sur les marchés financiers au risque de voir s'emballer les taux d'intérêt. Si elle la conserve dans ses livres et la renouvelle à l'échéance, la dette devient *de facto* non remboursable.

Et comme l'État et la banque centrale sont un seul et même agent économique (en particulier parce que les banques centrales reversent leurs profits aux États) elle est aussi en quelque sorte « gratuite ». Tout cela paraît d'une simplicité confondante : aucune disposition réglementaire ne vient limiter l'appétit des banques centrales pour les obligations d'État même si, en théorie, la plupart d'entre elles sont interdites d'emplettes sur le marché primaire. Dans la pratique, il leur suffit de sauver les apparences en faisant transiter la dette – quelques semaines, voire quelques jours… – par le bilan d'un investisseur privé auquel elles rachètent ensuite le papier. C'est ainsi que l'encours de dettes publiques inscrit aux bilans des banques centrales des pays de l'OCDE a atteint quelque 14 000 milliards de dollars à la fin 2020 (contre 1 600 milliards en 1996). Et ce, sans que le prix de l'argent à long terme ne bronche. Après la dette des ménages, la dette publique classique, les États et les banques centrales se sont lancés dans la dette publique monétisée. Cette nouvelle politique n'est pas seulement une réponse à la crise sanitaire, elle a aussi vocation à soutenir la demande de manière structurelle. C'est en quelque sorte la dernière innovation en date destinée à compenser l'inefficacité du capitalisme. Une innovation en forme de réponse à une question existentielle.

La Théorie monétaire moderne, nouvelle potion magique

Cette curiosité (l'entorse à la théorie économique traditionnelle qui voudrait que la hausse des taux d'intérêt impose une limite à l'endettement public supportable) a même été théorisée par un certain nombre d'économistes distingués sous le vocable de « Théorie monétaire moderne » (*Modern Monetary Theory* ou MMT) et popularisée dès 2017 par Stephanie Kelton[1], professeure de politique publique et d'économie à l'Université d'État de New York, et qui fut l'une des conseillères économiques de Bernie Sanders.

L'idée est la suivante : à tout moment, un pays doit faire le déficit public qui est nécessaire pour assurer le plein emploi, lutter contre la pauvreté, améliorer la protection sociale, augmenter les investissements publics, et ce déficit doit être financé par la création monétaire afin d'éviter la hausse des taux d'intérêt et tout effet d'éviction.

Et c'est bien cette politique qui est mise en œuvre dans l'OCDE : des déficits publics massifs (– 12 % en 2020) pour lutter contre le chômage, les faillites, la pauvreté, sans oublier le financement des investissements verts, du numérique, et la monétisation complète de ces déficits par les banques centrales, ce qui permet de maintenir les taux d'intérêt à long terme dans une fourchette (très) basse (entre 0 % et 0,5 %). Une politique qui a laissé grimper l'endettement public jusqu'à près de 140 % de PIB, en attendant mieux, sans que la solvabilité des États ait été affectée. Le CDS souverain[2] à cinq ans est resté scotché sous les 50 points de base quand il avait connu des pics à 500 après la crise des *subprimes*. En fait, tout se passerait donc comme si les banques centrales avaient

1. Stephanie Kelton, « How we think about the deficit is mostly wrong », *New York Times*, 5 octobre 2017.

2. Un CDS (*Credit Default Swap*) est une protection contre le risque « souverain », c'est-à-dire le risque que l'État et les administrations publiques d'un pays donné ne puissent pas faire face à leurs engagements financiers.

concocté une nouvelle potion magique efficace et sans effets secondaires. À un détail près : les Gaulois avaient peur d'une seule chose, que le ciel leur tombe sur la tête, les partisans de la MMT ne redoutent qu'un seul risque, le retour de l'inflation !

L'argument central des partisans de la MMT est en effet fondé sur la faiblesse de l'inflation, même au plein emploi, faiblesse sur laquelle ils parient, essentiellement en raison du nouveau fonctionnement des marchés du travail. Il n'y a pas, selon eux, de risque de voir la création monétaire sans limite dégénérer en hyperinflation avec ses conséquences habituelles (dépréciation de la monnaie, inflation importée) et, au pire, pour l'éviter, il suffit de stopper cette politique juste avant que le plein emploi soit atteint. D'autant que l'on sait que, dans les économies contemporaines, la corrélation entre l'offre de monnaie et les prix a disparu, qu'il s'agisse de l'offre de monnaie banque centrale ou de l'offre de monnaie pour les agents économiques non financiers (M2).

Dès lors, selon eux, la conclusion s'impose d'elle-même : s'il n'y a plus de risque d'inflation pour des raisons structurelles ni de hausse des taux d'intérêt, la politique monétaire peut rester expansionniste pour financer un déficit public, même très important. D'ailleurs, jusqu'à preuve du contraire, disent-ils, cette politique monétaire a évité la hausse des taux d'intérêt à long terme et l'effet d'éviction de la demande de biens et services du secteur privé. Comme si, en quelque sorte, cette théorie offrait une alternative crédible à la pensée conventionnelle qui nous enseigne qu'il est important d'équilibrer les comptes publics. Et pour conforter leur théorie, ils mettent volontiers en avant le cas du Japon au plein emploi grâce à une politique budgétaire expansionniste (la dette publique y atteint plus de 250 % du PIB et le bilan de la Banque du Japon 145 % du PIB[1]) mais où l'inflation tout comme les taux d'intérêt sont au plancher depuis des lustres sans que cela ait provoqué ni sorties massives de capitaux ni forte dépréciation du yen.

Pour autant, et même en admettant que le risque d'un retour de l'inflation soit négligeable, ce qui reste à démontrer, cette explosion sans précédent de la dette publique et la mise en œuvre de telles politiques de création monétaire n'en sont pas moins génératrices d'un certain nombre de désordres. Avant de les analyser en détail, il n'est pas inutile de revenir un instant sur l'évolution « culturelle » qu'elles expriment quant à la philosophie des politiques économique, budgétaire et monétaire.

Un changement radical de doctrine monétaire

Regardons de plus près l'évolution des politiques monétaires aux États-Unis et dans la zone euro. Pendant des décennies, la politique monétaire était expansionniste lorsque le taux de chômage était supérieur à sa moyenne, et restrictive quand il était redescendu au-dessous. C'est ce que l'on a observé successivement dans les cycles économiques de 1993-2000 puis de 2002-2008. Dans cette configuration, la quantité de monnaie évolue avec le PIB, elle accélère dans les récessions, freine dans les périodes d'expansion, et cette pratique d'une politique monétaire

1. En décembre 2020.

que l'on qualifiera de « symétrique » semblait satisfaire les acteurs. Mais depuis la crise des *subprimes*, changement de philosophie : quelles que soient ses caractéristiques conjoncturelles, la politique monétaire reste expansionniste tant que le taux de chômage n'est pas revenu à son niveau le plus bas possible. Il s'agit d'un changement radical de paradigme. Dans l'exécution, cette nouvelle philosophie de la politique monétaire qui reste expansionniste jusqu'à un retour complet au plein emploi (et ce d'autant plus que l'inflation ne bronche pas) a déjà pris plusieurs formes.

Lors du dernier grand raout annuel des banquiers centraux à Jackson Hole, une petite station de ski du Wyoming, à la fin du mois d'août 2020, Jerome Powell, le président de la FED, a clairement expliqué que l'action de la Réserve fédérale américaine serait dorénavant guidée[1] par le déficit d'emploi par rapport à son niveau optimal, ce qui signifie que la politique monétaire américaine a vocation à demeurer effectivement expansionniste tant que le taux de chômage ne sera pas au plus bas (moins de 4 % avant la crise sanitaire, son niveau le plus bas depuis un demi-siècle, remonté à 6,7 % début décembre 2020) et même tant que le taux d'emploi ne sera pas au plus haut (79 % avant la crise sanitaire, redescendu à 69 % à la fin de l'été 2020).

À l'occasion de son intervention, Jerome Powell a également indiqué que la FED allait pratiquer la politique de l'*Average Inflation Targeting* (aussi baptisée *Price Level Targeting*). En clair, cela signifie que désormais ce n'est plus l'inflation mais le niveau des prix qui constitue la cible. La banque centrale vise une cible d'inflation moyenne à long

1. https://www.federalreserve.gov/newsevents/speech/powell20200827a.htm.

terme (par exemple 2 %) et si, pendant un certain laps de temps, celle-ci a été très inférieure à 2 % (ce qui a été le cas, tant aux États-Unis qu'en zone euro pendant la crise sanitaire), elle devra ensuite être très supérieure à 2 %. Et comme, dans les économies contemporaines, il apparaît qu'un taux de chômage bas ne relance plus l'inflation, cette politique d'*Average Inflation Targeting* correspond à une politique monétaire expansionniste pour longtemps, en l'absence de toute résurgence significative de l'inflation.

Cette nouvelle doctrine qui donne priorité à la croissance, à l'investissement et à la lutte contre le chômage, quitte à « oublier » les autres objectifs possibles d'une politique monétaire, ne date pas du mandat de Jerome Powell. Déjà à la fin du siècle dernier, les banques centrales, en particulier la FED, avaient décidé d'abandonner la politique dite de *Leaning Against the Wind* (littéralement, aller à contre-courant), méthode qui consistait à veiller à ne pas laisser s'installer les déséquilibres financiers (excès d'endettement, bulles sur prix d'actifs) en menant si besoin une politique monétaire restrictive dans les périodes de croissance, même en l'absence d'inflation, afin de réguler l'évolution des prix des actifs et d'anticiper si possible la formation des bulles, car les autorités monétaires considéraient que le coût d'une crise financière était devenu trop important pour que les banques centrales ne s'impliquent pas davantage dans sa prévention. En abandonnant cette approche, les banques centrales décidaient déjà de privilégier la croissance et d'oublier les déséquilibres financiers, ce qu'elles firent d'abord en laissant monter sans réagir les cours boursiers (voir graphique 12) et les prix de l'immobilier (voir graphique 13), puis en laissant filer le taux d'endettement privé puis public.

Graphique 12
OCDE* : indice boursier (100 en 1998:1)

Graphique 13
OCDE* : prix des maisons et de l'immobilier commercial (100 en 1998:1)

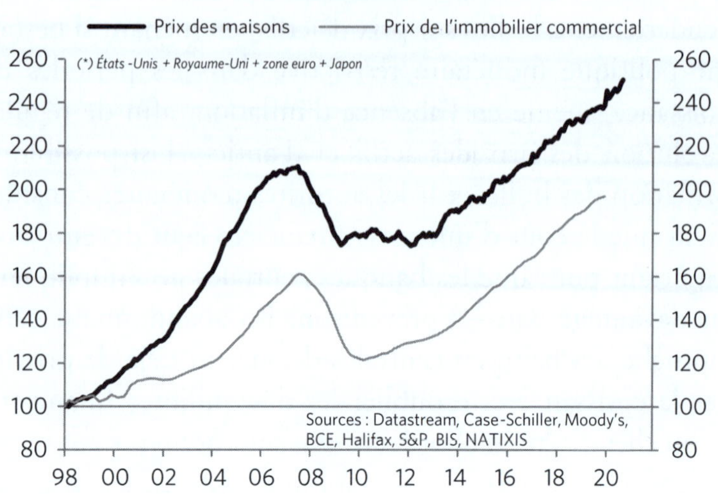

Cette préférence absolue pour la croissance s'est traduite aussi, notamment outre-Atlantique avec l'arrivée de Donald Trump à la Maison Blanche et de Janet Yellen à la tête de la FED, par ce que l'on a appelé la « théorie de la surchauffe ». L'un et l'autre ont décidé de continuer à prioriser la stimulation de l'économie américaine même une fois le plein emploi atteint. Dans leur esprit, le maintien de politiques stimulantes alors même que le chômage est très bas a des effets vertueux : il incite les entreprises à se moderniser pour accroître leur productivité ; il ramène aussi de nouvelles personnes, souvent peu qualifiées, sur le marché du travail, augmente le taux de participation et au total accroît la croissance potentielle. Le prix à payer étant évidemment le niveau du déficit public. C'est bien la politique qui était à l'œuvre implicitement avant l'irruption de la Covid, tant aux États-Unis que dans la zone euro.

Confirmation que, depuis plusieurs décennies, l'idée qu'il y a de nombreux avantages à poursuivre des politiques économiques stimulantes y compris quand tout va bien, a fait son chemin dans le monde, probablement pour deux raisons essentielles : cela permet de lutter contre la faiblesse spontanée de la demande en raison de la déformation du partage des revenus au détriment des salariés et d'empêcher le recul de la croissance potentielle lié à l'affaiblissement de l'accumulation de capital après les crises. Le dernier avatar de cette politique – les déficits publics monétisés – est particulièrement spectaculaire en raison du montant astronomique de la création monétaire associée au maintien de taux d'intérêt extrêmement faibles malgré la taille des déficits publics. Mais elle ne suscite guère pour le moment de débats enflammés.

Avant d'aller plus loin, redisons-le en deux mots : à court terme, il est certain que les pays n'avaient pas d'autres choix. La monétisation à grande échelle des dettes publiques par les banques centrales leur a permis de faire face à la crise sanitaire et de limiter la casse sociale en donnant aux gouvernements les moyens de dépenser sans compter pour limiter les faillites et l'augmentation du chômage, financer le chômage partiel et soutenir le pouvoir d'achat, notamment des plus fragiles, compenser la perte de revenu due à la crise sans avoir à faire face à des problèmes de financement et sans que les taux d'intérêt augmentent. Elle doit permettre aussi, après la crise, de financer les plans de relance par les investissements, la requalification des salariés ayant perdu leur emploi, la transition énergétique, les industries du futur. On peut soutenir aussi que cette monétisation réduit les inégalités de revenu *via* la baisse des taux d'intérêt qui favorise les emprunteurs (les jeunes, les entreprenants…) et défavorise plutôt les prêteurs (les retraités, et ceux qui en moyenne ont des revenus élevés), et lutte contre la pauvreté avec la mise en place de politiques budgétaires qui profitent aux populations les plus fragiles (soutien aux bas revenus, financement du modèle social). En outre, soulignent ses partisans, pourquoi s'en priver, puisqu'on peut avoir le sentiment que l'utilisation d'une forte augmentation de l'endettement public monétisé par les banques centrales est une sorte de « *free lunch* », qu'il n'y a pas de coût associé à s'installer autour de la table, dès lors que cette politique ne provoque ni la hausse des taux d'intérêt à long terme ni l'inflation des prix des biens et services ?

De nombreux experts conseillent même aux gouvernements occidentaux d'aller encore plus loin et de profiter des taux d'intérêt à long terme au plancher pour financer sans complexe non seulement la relance de l'économie mondiale après la crise mais la transformation du système en un capitalisme résilient et durable. Tout se passe comme si la planète économique s'était convaincue que l'on peut sans danger, et en particulier sans inflation, résoudre toutes les difficultés économiques par les déficits publics monétisés ! La version extrême de cette thèse est la « Théorie monétaire moderne ». Selon cette théorie, on peut mettre en place le déficit public nécessaire à condition de le financer par la création monétaire (voir encadré 5). Nous pensons que les apparences n'en sont pas moins trompeuses et qu'à moyen/long terme cette expansion monétaire inédite est dangereuse tant au plan financier qu'au plan politique, économique et social, et nous allons essayer d'expliquer pourquoi. En mettant l'accent sur ce qui nous paraît fondamental dans cette nouvelle phase de l'histoire de la politique monétaire : les bulles sur prix d'actifs et, *in fine*, les risques de crise monétaire.

Encadré 5.
Ce qui manque à la Théorie monétaire moderne

La Théorie monétaire moderne (MMT pour *Modern Monetary Theory* en anglais) stipule :

- que les États peuvent mettre en place à tout moment le déficit public qui permet d'atteindre le plein emploi ;
- que ce déficit public doit être monétisé afin d'éviter tout effet d'éviction (la hausse des taux d'intérêt qui réduirait la demande des ménages et des entreprises) ;

- et que l'inflation des prix des biens et services provoquée par la création monétaire peut être évitée si cette politique est stoppée lorsque l'économie est revenue au plein emploi.

Plongés dans la crise sanitaire mondiale, les pays de l'OCDE ont mis en place la MMT dans une configuration légèrement différente mais dont la technologie est la même : l'objectif du déficit public n'est pas de revenir au plein emploi mais d'empêcher une perte de revenu tragique pour les ménages et les entreprises. La MMT intègre donc l'idée que le risque avec la création monétaire est l'inflation des prix des biens et services. C'est la raison pour laquelle elle propose de réduire le déficit public lorsque l'économie arrive au plein emploi afin d'éviter l'inflation.

Toutefois, dans les pays de l'OCDE, on ne voit plus depuis trente ans de lien entre l'offre de monnaie (de banque centrale – la base monétaire – ou détenue par les agents économiques non bancaires – M2) et les prix des biens et services. En revanche, on sait que l'accroissement de l'offre de monnaie incite les agents économiques à essayer de rééquilibrer leurs portefeuilles en achetant d'autres actifs financiers (obligations, actions, immobilier), ce qui provoque la hausse du prix de ces actifs. En fait, dans les économies contemporaines, la création monétaire ne provoque plus l'inflation du prix des biens et services mais celle du prix des actifs.

Il faut donc ajouter une composante à la MMT qui éviterait l'inflation des prix des actifs, y compris lorsque l'offre de monnaie croît très rapidement. Cette composante c'est l'utilisation des politiques macroprudentielles (ratios de bilan des banques et des investisseurs institutionnels, *loan-to-value ratios*, taxation des plus-values en capital à court terme...).

CHAPITRE 5

En économie, le *free lunch* n'existe pas

La *Modern Monetary Theory*, un jeu d'enfant ? Tout se passe en effet comme si les gouvernements pouvaient fabriquer tout l'argent dont ils ont besoin pour garantir à chacun un revenu décent, proposer des services publics de qualité, à commencer par l'éducation et la santé, financer les dépenses militaires qu'exige l'état du monde, investir dans les nouvelles technologies, tout en se donnant les moyens de sauver la planète... Bref, comme si la monnaie pouvait être créée sans limite et que les banques centrales n'avaient qu'à se donner la peine de l'imprimer ! Bien sûr, il faut le rappeler encore une fois, tous les pays ont été contraints de mener la même politique, un déficit budgétaire massif monétisé par les banques centrales, afin de faire face au choc violent provoqué par la crise sanitaire sur les économies. Ils ne pouvaient pas faire autrement. La monnaie reçue par les ménages et les entreprises a limité la perte de revenus malgré l'effondrement de la croissance et cette politique a toutes les chances de se poursuivre en 2021 et peut-être même au-delà. Mais une telle inondation monétaire ne risque-t-elle pas de nous mener tôt ou tard (plutôt tard d'ailleurs) à la catastrophe (voir graphique 14) ?

Tant que la situation est « extra-ordinaire » au sens strict du terme, tant que l'imprévisibilité et l'aversion pour le risque demeurent fortes, l'augmentation de l'offre de monnaie est absorbée par celle de la demande de monnaie. Quand l'incertitude est à son comble, les agents économiques veulent en effet détenir du cash. Dès lors, une création monétaire, même énorme, est pratiquement sans inconvénient puisqu'elle est absorbée par l'augmentation de la demande de monnaie. Mais cette situation n'aura qu'un temps. Viendra forcément le moment où l'incertitude et l'aversion pour le risque diminueront et où un retour à la normale s'amorcera. Toutes les conditions de l'instabilité financière seront alors réunies : excès d'endettement des secteurs public et privé, bulles sur les prix d'actifs (actions, immobilier), écrasement des primes de risque au-dessous du niveau de risque réel. D'autant que l'on parle cette fois d'une situation tout à fait inédite : songeons qu'en 2020, la quantité de monnaie a augmenté de 75 % dans les pays de l'OCDE, et que cette politique d'inondation monétaire peut devenir irréversible dès lors que le niveau d'endettement public sera tel que les banques centrales se retrouveront contraintes d'aider les États à reconquérir leur solvabilité. C'est ce que l'on appelle la dominance fiscale, le budgétaire prend le pas sur le monétaire (voir encadré 6). Pour autant, nos banques centrales ne semblent pas s'en soucier outrageusement, comme si elles ne s'intéressaient pas plus que cela à l'instabilité financière qui devrait normalement en résulter.

Graphique 14
OCDE* : base monétaire (Md $)

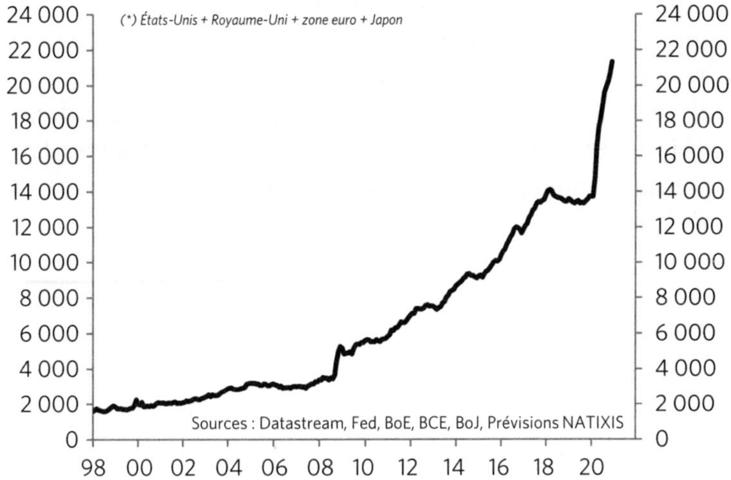

Encadré 6.
De Barro/Gordon à Sargent/Wallace

La théorie traditionnelle de la politique monétaire est celle de la crédibilité de la banque centrale et du banquier conservateur développée par Robert Barro et David Gordon[1]. Selon cette théorie, une inflation supérieure à l'inflation anticipée est susceptible d'augmenter la production et de réduire le chômage (courbe de Phillips). La banque centrale est donc incitée à faire apparaître de l'inflation anticipée pour stimuler l'activité, mais les agents économiques anticipent le mouvement à leur tour et une inflation plus forte ne débouche pas sur la hausse de production espérée. Ce biais inflationniste des politiques monétaires doit être évité

1. Pour aller plus loin, voir Robert Barro, David Gordon, « A positive theory of monetary policy in a natural-rate model », *Journal of Political Economy*, 1983, vol. 91, n° 4, p. 589-610.

d'où l'importance du choix d'un banquier central conservateur, c'est-à-dire en l'occurrence allergique à l'inflation, qui ne va donc pas tenter d'utiliser l'arme de l'inflation non anticipée, renforçant ainsi la crédibilité de la banque centrale. Mais, avec la disparition des corrélations entre inflation et chômage et entre inflation et politique monétaire, cette théorie ne peut plus être utilisée pour analyser la politique monétaire dans les économies contemporaines. Si la théorie de la crédibilité n'est plus pertinente, on peut la remplacer par la théorie dite de dominance fiscale (*fiscal dominance*) que l'on doit à Thomas Sargent et Neil Wallace[1] : lorsque le taux d'endettement public devient trop élevé, la banque centrale est contrainte de rétablir la solvabilité budgétaire en monétisant la dette publique. Autre manière de dire que la politique monétaire est déterminée par la politique budgétaire. Ce qui correspond clairement à la politique monétaire menée depuis la crise des *subprimes* et plus encore avec la crise de la Covid. Pour Sargent et Wallace, le risque d'une telle politique est le retour de l'inflation en raison de l'importance de la création monétaire. Mais on sait qu'il y a désormais disparition du lien entre offre de monnaie et prix des biens et services. Il faut donc chercher ailleurs le coût de la dominance fiscale : à moyen terme, l'expansion monétaire forte fabrique des bulles ; à long terme, comme il est impossible que la richesse augmente sans limite par rapport au revenu (les acheteurs doivent avoir des revenus suffisants pour acquérir les actifs), les prix des actifs ne peuvent plus augmenter pas plus que l'offre de monnaie puisque la monnaie doit être, à long terme, une fraction stable de la richesse. Conclusion : il arrive un moment où la banque centrale ne peut plus monétiser les dettes publiques.

1. Pour aller plus loin, voir Thomas Sargent, Neil Wallace, « Some unpleasant monetarist arithmetic », Federal Reserve Bank of Minneapolis, *Quaterly Review*, automne 1981.

Les autorités monétaires se désintéressent de l'instabilité financière

Pour commencer, revenons sur un point essentiel qui facilite la compréhension de l'évolution de la pratique de la politique monétaire par les banques centrales. Traditionnellement, celle-ci était le fruit d'un arbitrage entre la lutte contre le chômage et la bataille contre l'inflation : la banque centrale essayait de faire baisser le premier mais devait modifier sa politique lorsque la seconde commençait à augmenter. C'est ce que l'on appelle un conflit d'objectifs. C'est ainsi que dans les décennies 1990 et 2000 on a observé aux États-Unis comme en zone euro une remontée des taux d'intérêt avant le retour au plein emploi due à la reprise d'une inflation sous-jacente. Mais tout cela doit désormais être mis à l'imparfait car, depuis 2010, on constate que l'inflation ne réagit plus (ou peu) à la baisse du chômage. Le conflit d'objectifs a semble-t-il disparu, ce qui incite les banques centrales à poursuivre une politique expansionniste jusqu'au plein emploi.

Pour autant, la monnaie créée va bien quelque part. Depuis la crise des *subprimes*, on observe des signes de distorsion financière avec l'augmentation excessive de l'endettement public dans de nombreux pays (même avant la Covid), la hausse irrésistible des prix de l'immobilier ou le niveau trop bas des primes sur les dettes risquées. Autant d'évolutions qui valent confirmation que les banques centrales, qui géraient hier l'arbitrage entre baisse du chômage et hausse de l'inflation, ne gèrent pas aujourd'hui l'arbitrage entre chômage et stabilité financière. Plus précisément, nous sommes entrés dans une configuration où la forte préférence pour le plein emploi induit en quelque sorte l'acceptation de l'instabilité financière. En particulier, les banques centrales se comportent comme si l'inflation des prix d'actifs ne comptait pas. D'où l'« oubli » déjà évoqué de Jerome Powell, le patron de la FED, dans son discours d'août 2020 à Jackson Hole, à l'occasion duquel il n'a même pas évoqué le risque d'inflation sur les prix d'actifs, soit parce qu'il considère qu'actuellement ce risque est secondaire, soit parce qu'il estime que les politiques macroprudentielles (dont il renvoie d'ailleurs la responsabilité aux États) seront capables d'éviter la formation des bulles.

Tant que l'activité est faible, que l'incertitude sanitaire et économique est forte, les gouvernements et les banques centrales vont donc poursuivre la politique actuelle : déficits publics massifs et monétisation de ces déficits. Cette « technologie » monétaire risque de rester en place en 2021, voire au-delà, sans qu'apparaissent, dans un premier temps, des déséquilibres financiers préoccupants. Mais lorsqu'il y aura retour à la confiance et à une activité économique « normale », la quantité de monnaie mise en circulation aura été considérable et celle-ci sera alors réinvestie dans divers actifs (actions, immobilier, or…) afin de rééquilibrer la structure de la richesse. La composition du portefeuille d'un investisseur répond en effet à certains critères : l'usage montre qu'en général il ne souhaite pas détenir plus d'une certaine quotité de monnaie (*grosso modo* un sixième). Ce réinvestissement massif fabriquera des bulles, des flux internationaux de grande taille avec variation des taux de change à la clé, donc une forte instabilité financière.

Good *bulles,* bad *bulles ?*

Arrêtons-nous un instant sur cette problématique des bulles et de leurs effets. D'abord, y a-t-il, comme on le dit parfois, de bonnes et de mauvaises bulles ? On entend souvent défendre l'idée selon laquelle il y aurait deux sortes de création monétaire : la « vertueuse » destinée à alimenter la consommation des ménages à revenu modeste ou à financer des investissements utiles, et la « dangereuse » qui nourrirait la hausse du prix des actifs et la spéculation.

Certes, une bulle peut effectivement être utile dans la mesure où elle va soutenir la demande par effet de richesse en faisant baisser l'épargne des ménages, monter l'investissement des entreprises et en favorisant une bonne allocation de l'épargne. Lorsqu'il y a une bulle sur le prix d'un actif, le rendement de l'investissement dans cet actif est élevé, celui-ci va donc attirer l'épargne, ce qui est favorable à l'économie dans la mesure où un supplément d'investissement dans cet actif est efficace. On peut penser, par exemple, que la bulle actuelle sur les actions technologiques est féconde pour la santé de l'économie. La Théorie monétaire moderne vaut si le surplus de monnaie créé est susceptible de fabriquer un surplus de croissance, mais c'est précisément, on l'a vu, ce que les économies contemporaines ont désormais, sauf exception, le plus grand mal à accomplir. Surtout, il n'y a en réalité qu'une sorte de création monétaire et quelle que soit l'utilisation initiale de la monnaie créée, même si la banque centrale a pour objectif de soutenir la consommation et l'investissement ou de préserver la solvabilité des

États, une politique monétaire très accommodante finit toujours par nourrir la spéculation, donc la formation des bulles. Un point qui mérite une petite explication.

Prenons le cas des déficits publics de 2020. En première instance, ils ont vocation à financer le chômage partiel, des baisses d'impôts pour les entreprises, des aides aux ménages et aux entreprises en difficulté. Comme ils sont monétisés (la dette est immédiatement rachetée par les banques centrales), celles-ci pourraient aussi bien donner directement cette monnaie aux bénéficiaires des transferts publics. Il n'y a donc pas de différence avec un phénomène d'*helicopter money* (le fait, pour la banque centrale, de créer de la monnaie et de la distribuer directement aux citoyens). Comme les familles vont dépenser cet argent pour consommer, les entreprises pour sauver des emplois voire investir, cette création monétaire sera considérée comme « bonne » : elle va soutenir le niveau de vie d'un ménage modeste, éviter que le chômage et la précarité ne se développent. Mais cette monnaie ne disparaît pas pour autant, elle change simplement de mains pour atterrir dans les comptes d'une entreprise qui vend des biens et services. Au final, et quel que soit l'usage initial de la monnaie créée par la banque centrale, il y aura bien augmentation de la quantité de monnaie détenue par l'ensemble des agents économiques, et si ceux-ci considèrent qu'ils détiennent trop de liquidités en proportion de l'ensemble de leurs richesses, ils décideront à un moment donné de « rééquilibrer » leurs portefeuilles et d'utiliser cet excès de monnaie pour acheter d'autres actifs, financiers ou immobiliers[1]. C'est ce que l'on appelle

1. Voir un modèle simple qui montre ces différents mécanismes *in* Patrick Artus, *Flash Économie n° 1090*, 29 septembre 2020.

dans le jargon le rééquilibrage des portefeuilles (*rebalancing portfolio*). D'où le constat que l'augmentation de l'offre de monnaie se traduit finalement toujours par une augmentation du prix des actifs, fruit de ce que certains baptiseront la « mauvaise » création monétaire. Bref, la spéculation. L'histoire de cet expansionnisme monétaire perpétuel ne se terminera pas forcément bien pour toutes sortes de raisons, toutes suffisamment sérieuses pour être prises en considération. Nous nous contenterons ici d'en énumérer quelques-unes avant d'aborder le cœur de notre propos : la formation des bulles et ses conséquences.

1. D'abord, la politique monétaire s'use si l'on s'en sert, jusqu'à risquer de devenir inopérante… Comment imaginer pouvoir baisser encore des taux d'intérêt déjà au plancher si une nouvelle récession venait à apparaître ?

2. Ensuite, inutile d'être un spécialiste de la politique monétaire pour entrevoir que, dès lors que les banques centrales achètent intégralement la dette correspondante, les gouvernements peuvent être tentés de laisser filer sans retenue dettes et déficits publics et abandonner toute notion de discipline budgétaire. Quant aux investisseurs, ils peuvent acheter sans crainte des actifs risqués puisqu'ils sont en quelque sorte « assurés » par les banques centrales contre le risque de baisse des prix de ces actifs. Il est rare qu'une hausse sans fin des taux d'endettement public assortie d'une prise de risque excessive par les investisseurs se termine bien. On appelle cela un aléa de moralité généralisé.

3. Par ailleurs, l'inondation monétaire expose l'économie mondiale à une volatilité croissante des flux de capitaux, en particulier depuis et vers les pays émergents,

elle aussi associée à l'abondance de cette liquidité qui circule pratiquement sans limite d'une devise à l'autre, d'une classe d'actifs à l'autre.

4. À cette liste déjà longue des risques associés à une politique monétaire perpétuellement expansionniste, on peut encore ajouter le développement des rentes de monopoles car il est établi que les taux d'intérêt très bas et l'abondance de liquidité favorisent la concentration des entreprises, l'apparition de groupes jouissant de positions dominantes. Or une telle évolution est tout à fait défavorable à la concurrence et à l'innovation, donc à la croissance potentielle.

5. Enfin, on sait d'expérience qu'une politique monétaire durablement expansionniste fait apparaître des distorsions sur les prix d'équilibre des marchés financiers et donc disparaître tout contenu informationnel des prix de marché, ce qui perturbe considérablement l'allocation optimale de l'épargne entre les actifs financiers, réduit l'efficacité des investissements et, là encore, la croissance potentielle (voir encadré 7).

Encadré 7.
Disparition de l'information contenue dans les prix des actifs financiers

L'économie de marché est efficace, entre autres, parce que les prix d'équilibre qui se forment sur les marchés apportent aux acheteurs comme aux vendeurs (de biens, de services, d'actifs financiers ou immobiliers) toute l'information nécessaire sur l'état de l'offre et de la demande, sur le niveau de risque. Mais les politiques monétaires très expansionnistes anéantissent ce contenu informationnel

des prix sur les marchés financiers en raison de l'impact de l'abondance de liquidité sur les prix d'équilibre.
En effet, la politique monétaire très expansionniste se traduit par le fait que les banques centrales achètent des quantités très importantes d'obligations souveraines, ce qui contraint les autres épargnants-investisseurs à se reporter sur les autres actifs financiers, indépendamment des caractéristiques de rendement et de risque de ces actifs. D'où la disparition du contenu informationnel des prix d'équilibre sur les marchés.
On l'a constaté sur la période récente :

- les taux d'intérêt à long terme sont restés bas malgré l'ampleur des déficits publics et, dans la période plus récente, malgré la remontée de l'inflation anticipée ;
- les *spreads* de crédit n'ont réagi que faiblement à la hausse des défauts des entreprises ;
- les cours boursiers ont peu réagi aux évolutions anticipées de la croissance ou des bénéfices.

Concrètement, cela signifie que les taux d'intérêt à long terme ne donnent plus d'information sur la situation anticipée des finances publiques ou de l'inflation, que les *spreads* de crédit ne donnent plus d'information sur les perspectives de faillites des entreprises, pas plus que les cours boursiers sur l'évolution future de l'activité et des bénéfices.
Cette situation a des effets macroéconomiques graves : sans informations fiables, les épargnants-investisseurs ne peuvent plus allouer de manière optimale leur épargne entre les actifs financiers, ce qui réduit l'efficacité des investissements, et donc la croissance potentielle.

Toutefois, ce qui nous paraît central dans le débat autour des effets pervers d'une politique monétaire continûment expansionniste, c'est la question du lien entre l'offre de monnaie et la richesse. Autrement dit, entre l'augmentation de la quantité de monnaie et la formation des bulles sur les prix d'actifs. C'est ce scénario que nous voudrions approfondir en commençant par clarifier les mécanismes qui sont à l'œuvre grâce à un petit détour par la théorie.

Monnaie et richesse, les deux faces d'une même médaille

Dans la théorie traditionnelle, on considère que la monnaie est une monnaie de transaction. Il existe à long terme un lien rigide entre la monnaie et la valeur du revenu (qui est à l'origine des transactions), ce qui signifie que si l'on augmente trop la quantité de monnaie en circulation, cet excès de monnaie va provoquer une augmentation identique des prix. En 2020, la quantité de monnaie a augmenté de 75 % dans les pays de l'OCDE. Si l'on suivait ce raisonnement, cela voudrait dire que nous devrions constater une hyperinflation massive ! Mais ce mécanisme, encore présent dans les pays émergents (inflation, dépréciation du taux de change), ne s'observe plus depuis une vingtaine d'années au moins dans les pays de l'OCDE où la corrélation entre l'offre de monnaie et les prix des biens et services a disparu. Désormais, seule une petite quote-part de la gigantesque quantité de monnaie créée sert aux transactions, le reste étant utilisé pour le placement. On n'observe plus de lien entre création monétaire et revenu (le PIB en valeur), donc, pour le moment, plus de lien entre la croissance de l'offre de monnaie et l'inflation (voir graphique 15).

Graphique 15
OCDE* : base monétaire et inflation (100 en 1998:1)

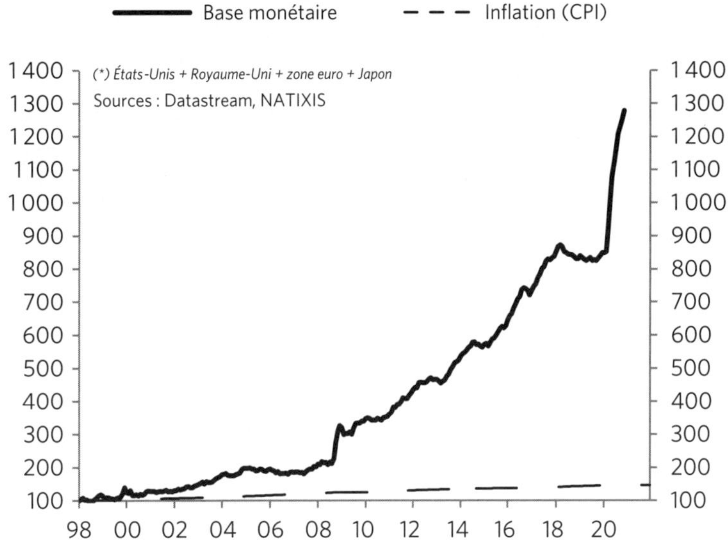

Si la monnaie est essentiellement une monnaie de placement, cela signifie qu'elle constitue, avec les autres actifs (obligations, actions, immobilier), une partie de la richesse : plus précisément, la part de leur richesse que les individus souhaitent détenir en monnaie. Et, dans le temps, il y a sinon proportionnalité du moins évolution parallèle entre monnaie et richesse car lorsque l'offre de monnaie augmente, les prix des actifs augmentent aussi (baisse des taux d'intérêt à long terme, donc hausse des obligations, hausse des cours boursiers, hausse des prix de l'immobilier), concrétisant ainsi le lien étroit entre l'une et les autres. Les épargnants-investisseurs réinvestissent l'excès de monnaie qu'ils détiennent dans les autres classes d'actifs financiers (parce qu'ils ne souhaitent pas garder une proportion trop grande de monnaie dans leurs porte-feuilles) d'où la hausse de leurs prix. On a constaté ce phénomène sur les actions à la fin des années 1990, dans l'immobilier, de 2002 à 2008, puis à partir de 2013. On l'observe à nouveau depuis le début de la crise de la Covid avec une valorisation forte des actions et de l'immobilier. Si la richesse croît au rythme de l'offre de monnaie et que celle-ci augmente beaucoup plus vite que le revenu (le PIB en valeur), la richesse prospère elle aussi durablement plus vite que le revenu. Et même aujourd'hui beaucoup plus vite (voir graphique 16). Avec, à court terme, un risque politique et social et, à plus long terme, un risque financier qui peut se concrétiser par l'explosion d'une bulle.

Graphique 16
OCDE* : richesse totale** (en % du PIB valeur)

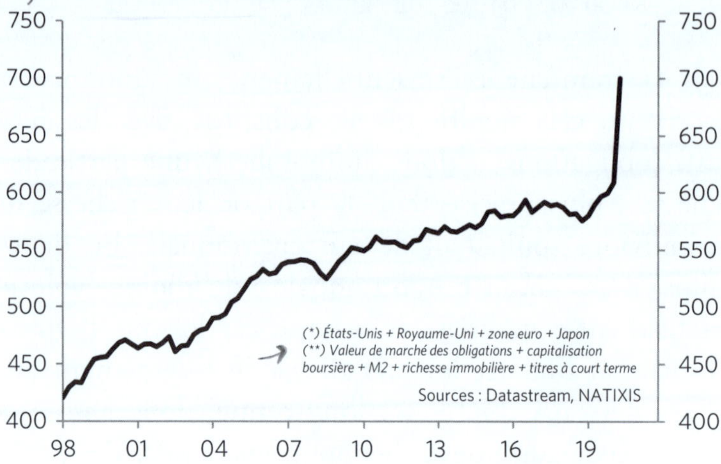

Derrière chaque bulle se cache une taxe sur la jeunesse

À court terme, le risque politique et social n'est pas négligeable. Chacun sait qu'il est déjà dans l'air car la formation de bulles favorise l'enrichissement patrimonial plus ou moins mérité et creuse les inégalités de patrimoine. Dans l'OCDE, la richesse immobilière des ménages représente aujourd'hui l'équivalent de 190 % du PIB (155 % en 2000), la richesse financière 340 % du PIB en valeur (contre 260 % en 2000). En 2020, les 20 % de Français les plus modestes, non seulement n'ont pas pu épargner davantage que d'habitude mais se sont globalement endettés – *helicopter money* ou pas – quand les 20 % de ménages les plus aisés ont thésaurisé les trois-quarts de la croissance de leur patrimoine financier. Et on peut imaginer que ces 20 % là vont continuer à bénéficier de l'augmentation du prix des actifs mobiliers et immobiliers et continuer à en acquérir, alimentant la formation de bulles et la frustration sociale.

Ce processus d'enrichissement patrimonial induit par la création monétaire favorise évidemment ceux qui sont déjà à la tête d'un patrimoine – en général, plutôt les seniors – et pénalise ceux qui ont besoin d'en constituer un, autrement dit les jeunes générations. Derrière chaque bulle se profile en réalité une taxe sur les plus jeunes contraints d'acheter trop cher le logement qui va leur permettre de construire une famille et les actifs financiers qui constitueront leur patrimoine futur (voir encadré 8). Pour les jeunes, c'est la double peine : ils doivent payer plus cher leurs logements et l'investissement qu'ils font aujourd'hui pour préparer leur retraite leur assurera un revenu plus faible dans le futur. Il y aura donc bien perte de revenu, mais sous la forme particulière du renchérissement du prix des actifs.

Encadré 8.
En face d'un déficit public, il y a toujours *in fine* une taxation

Lorsque le taux d'endettement public atteint des niveaux stratosphériques et que l'on réfléchit aux moyens de rétablir la solvabilité budgétaire, quatre options sont possibles.

1. La taxation classique, c'est-à-dire l'augmentation de la pression fiscale visant à restaurer un excédent budgétaire primaire. C'est ce qui s'est passé, par exemple, après la crise des *subprimes* en zone euro.
2. La taxation inflationniste habituelle, autrement dit la taxation des détenteurs de monnaie par l'inflation des prix des biens et services. C'est à la fin des années 1970 et au début des années 1980 que l'on a observé pour la dernière fois une taxe inflationniste significative dans les pays de l'OCDE.
3. La taxation des épargnants *via* un taux d'intérêt à long terme inférieur à la croissance nominale, ce que l'on observe clairement dans les pays de l'OCDE depuis la crise des *subprimes*.
4. La taxe inflationniste due à la hausse des prix d'actifs, si celle-ci est plus rapide que celle des biens et services.

Dans de nombreux pays de l'OCDE, l'augmentation des prix des logements, qu'il s'agisse d'un achat ou d'une location, est devenue un sérieux problème pour les classes populaires mais aussi de plus en plus pour les classes moyennes. La hausse des prix immobiliers entraîne celle de l'endettement des ménages en consommant une part importante des gains de pouvoir d'achat. Même en France, les salaires augmentent par rapport aux prix des biens mais baissent par rapport à celui de l'immobilier : entre 1990 et 2020, le ratio prix des maisons/salaire nominal par tête a augmenté de 30 % (il y a eu baisse dans la dernière décennie du siècle, mais doublement des prix depuis 2000). Quant à la richesse immobilière, elle est passée, on l'a dit, de l'équivalent de 70 % du PIB en 1998 à l'équivalent de 340 % du PIB en 2020. Une bulle immobilière aux conséquences sociales très négatives : les prix de l'immobilier augmentent plus vite que les salaires, le poids des dépenses liées au logement devient excessif, la classe moyenne ne peut plus se loger dans les villes, les inégalités patrimoniales augmentent avec la hausse de la richesse de ceux qui sont déjà propriétaires. De quoi confirmer une intuition : la politique de monétisation de l'endettement n'est pas un *free lunch*. Elle fait des gagnants et des perdants. D'autant que la vocation de toute bulle est d'éclater un jour ou l'autre, provoquant une crise financière. Il suffit de rappeler l'explosion de la bulle sur actions qui a déclenché la récession de 2000-2001 ou celle de la bulle immobilière qui a lancé la crise dite des *subprimes* en 2008-2009. Et qui dit crise financière dit aussi crise économique et sociale, car les turbulences économiques associées ne manquent pas d'affecter en priorité les populations les plus fragiles. En outre, on le sait, toute nouvelle récession a tendance à faire baisser d'un cran la croissance potentielle. C'est dire si les risques associés à la formation de bulles incontrôlables sont sérieux.

Explosion endogène, explosion exogène, mais explosion quand même…

La suite de l'histoire reste à écrire. À long terme, deux scénarios sont possibles. Le premier est que l'augmentation de la richesse finisse par provoquer une hausse de la demande de biens et services : les foyers qui s'enrichissent piochent dans leur épargne et consomment sans retenue, cela fait monter le prix des biens et services et l'inflation repart, provoquée indirectement par l'effet richesse. L'hypothèse est plausible, mais elle ne nous paraît pas la plus probable : la richesse est concentrée et les « riches » ne peuvent consommer dans des proportions suffisantes pour déclencher un phénomène d'hyperinflation. Il est impossible de négliger totalement cette option (voir encadré 9), mais l'équilibre le plus crédible nous paraît être celui qui se fait par ajustement des prix des actifs.

Encadré 9.
Peut-il y avoir retour de l'inflation ?

La disparition de l'inflation dans les pays de l'OCDE au milieu des années 1980 a permis la mise en place de politiques monétaires très expansionnistes, la tolérance de taux d'endettement très élevés, l'envolée de la richesse patrimoniale avec, périodiquement, la formation de bulles sur les prix des actifs. Dans ce contexte, une réapparition des tensions inflationnistes aurait des effets destructeurs : remontée des taux d'intérêt, crise de la dette, perte de solvabilité des emprunteurs, chute des prix des actifs et de la richesse. Il est donc essentiel de s'interroger sur les causes structurelles qui pourraient être à l'origine d'un tel retour.

Cinq mécanismes méritent d'être surveillés :

• **Le vieillissement démographique.** Les retraités désépargnent, ce qui implique que l'augmentation de la proportion de retraités dans la population conduit normalement à un excès de demande de biens et services.

• **La correction éventuelle du partage des revenus en faveur des salariés.** Si le rapport de forces entre salariés et employeurs devenait plus favorable aux premiers, il aboutirait à une croissance plus rapide des coûts salariaux.

• **L'accélération de la transition énergétique.** L'utilisation d'énergies renouvelables plus chères en raison de leur intermittence (d'où la nécessité d'une capacité de production très supérieure à la demande et les coûts de stockage de l'électricité) et les destructions de capital (dans l'énergie fossile) qui réduisent l'offre de biens et services.

• **La déglobalisation.** Le retour à des chaînes de valeur régionales est associé à une moindre utilisation des coûts salariaux faibles des pays émergents, ce qui pèserait sur les prix.

• **Les effets de richesse,** s'ils sont puissants, vont inciter à la consommation et/ou à l'investissement, ce qui sera aussi inflationniste.

Pour le moment, ce retour de l'inflation n'est pas considéré comme l'hypothèse la plus probable. Mais les investisseurs à long terme ne peuvent l'éliminer de leurs scénarios.

Dans ce second scénario, le ratio richesse/revenu continue à grimper sans limites apparentes. Il devient alors de plus en plus difficile d'acheter des actifs dont la valeur augmente perpétuellement par rapport au revenu. En particulier pour les jeunes générations. Une augmentation sans fin de la richesse par rapport au PIB est incompatible avec le fait qu'une partie de cette richesse devra être rachetée par les jeunes. Au point qu'il arrive un moment où cette richesse devient fictive : les prix des actifs sont si élevés par rapport au revenu que plus personne ne peut les acheter. Lorsqu'un logement se met à valoir dix, quinze, voire trente années de revenus, la demande s'évapore tout simplement. Il n'y a plus d'acheteurs, les prix s'effondrent et la bulle finit par exploser. Cela n'est pas une vue de l'esprit. Le phénomène s'est déjà produit au Japon en 1990 lorsque, après une folie immobilière sans précédent et des prix multipliés par trois en quelques années pour atteindre des niveaux stratosphériques dans les grandes villes (à Ginza, dans le quartier d'affaires de Tokyo, les prix ont été jusqu'à dépasser les 100 000 dollars le mètre carré), la bulle immobilière a éclaté lorsque la Banque du Japon et le gouvernement ont décidé d'augmenter l'une les taux d'intérêt, l'autre les taxes foncières. La caractéristique de la bulle japonaise réside dans cette conjonction de deux phénomènes : l'un que l'on peut qualifier d'« endogène » (les prix des actifs montent si haut que les acheteurs disparaissent) et l'autre purement exogène (l'intervention de la Banque du Japon sur les taux d'intérêt). En revanche, l'éclatement de la bulle immobilière de 2007-2008, particulièrement aux États-Unis, est un cas typique d'éclatement « exogène » : il s'est produit lorsque la banque centrale américaine a décidé de remonter brutalement ses taux d'intérêt. Les prix de l'immobilier se sont effondrés quand les ménages américains sont devenus insolvables.

La nouvelle stratégie des banques centrales qui consiste à accompagner le retour au plein emploi par une politique monétaire très expansionniste incite plutôt à privilégier, en l'absence de toute hausse des taux d'intérêt, l'hypothèse de l'éclatement « endogène » : un remake de l'épisode japonais des années 1990, en quelque sorte. C'est un scénario plus progressif, plus long à se mettre en place, que celui initié par une décision brutale des banques centrales sur les taux d'intérêt, mais il n'en serait pas moins dévastateur : comme les bulles associées au régime monétaire actuel ont sans doute vocation à gonfler pendant longtemps, leur explosion risque d'être encore plus violente que par le passé.

Le risque de fuite devant la monnaie

La monétisation des dettes publiques peut faire courir un autre type de risque à l'économie occidentale en provoquant la défiance des agents économiques vis-à-vis de la qualité, de la valeur de la monnaie, allant éventuellement jusqu'à initier ce que l'on appelle un *run*, un mouvement de fuite devant la monnaie. La croissance extrêmement rapide de l'offre de monnaie risque de faire, on l'a vu, inévitablement chuter la valeur de ces monnaies (dans leur capacité à acheter des biens ou des actifs) et de saper la confiance dans ces monnaies. Or faut-il rappeler que, depuis quelques années, la création monétaire, donc l'offre de monnaie, dans les pays de l'OCDE est considérable : la base monétaire a progressé de 75 % pour la seule année 2020 et a été multipliée par dix en moins de vingt ans, passant de 2 500 milliards de dollars en 2002 à près de 25 000 milliards aujourd'hui.

Si un seul pays de l'OCDE menait une politique monétaire très expansionniste, les détenteurs de la monnaie de ce pays chercheraient à s'en débarrasser en achetant d'autres devises de l'OCDE. Elle se déprécierait fortement et cette dépréciation s'accompagnerait d'une flambée inflationniste. C'est ce que l'on observe, par exemple, aujourd'hui en Argentine. Le réflexe naturel des Argentins, effrayés par la dépréciation irrésistible du peso, est d'acheter du dollar. Comme celui des détenteurs de livres turques peut être d'acheter des euros. Mais dès lors que tous les pays de l'OCDE mènent la même politique monétaire, aucune monnaie ne peut être un refuge pour les détenteurs d'une autre monnaie, il n'y a donc aucune raison de passer d'une devise à l'autre, comme le montre d'ailleurs la stabilité des taux de change dans la période récente. Pourquoi un Européen vendrait-il ses euros pour acheter du dollar, du yen ou du franc suisse dès lors que la politique monétaire américaine, japonaise et suisse est encore plus expansionniste que celle de la zone euro ? Cette situation est très différente de celle des pays émergents. Elle implique aussi qu'une région ne peut sortir seule de cette politique monétaire très expansionniste puisque, devenant une devise refuge, sa devise s'apprécierait considérablement par rapport aux autres et que, le moment venu, les banques centrales devront se coordonner pour réussir une « sortie ».

En attendant, que peut-il se passer ? La fuite devant la monnaie s'exprime notamment, comme on vient de le voir, *via* la composition des patrimoines : les épargnants-investisseurs préfèrent s'en débarrasser au profit d'actifs dont ils pensent que leur détention va les protéger de cet excès de création monétaire. Ils achètent des actifs financiers (actions, obligations, or, etc.) ou immobiliers. À l'équilibre, la monnaie créée par les banques centrales est évidemment toujours la même, mais l'augmentation de la demande pour ces actifs financiers fait apparaître des bulles sur leurs prix. La fuite devant la monnaie de placement, déjà réelle depuis une dizaine d'années, conduit aux bulles sur prix d'actifs.

Cela règle la question de la monnaie de placement, mais pas celle de la monnaie de transaction. La fuite devant la monnaie de transaction peut ranimer l'inflation s'il y a achats massifs de biens et services (ce qui ne s'observe pas actuellement) mais aussi conduire un jour au remplacement des monnaies officielles publiques des États par des monnaies privées. On n'en est pas là, mais l'hypothèse mérite d'être évoquée. Si les agents économiques perdent confiance dans la monnaie publique, ils vont tenter d'utiliser d'autres moyens de paiement que la monnaie officielle. Une telle évolution pourrait donner un jour un rôle croissant aux monnaies privées (par exemple, aux cryptomonnaies) dès lors que celles-ci seront bien gérées, c'est-à-dire ne seront pas soumises à une volatilité anormalement élevée de leur prix (voir encadré 10).

Encadré 10.
Quelle monnaie entre monnaies publiques et bitcoin ?

Aujourd'hui, l'épargnant a le choix entre deux types d'actifs monétaires : soit les monnaies publiques traditionnelles (dollar, euro, yen, livre sterling, franc suisse…) dont l'offre augmente considérablement, ce qui fait inévitablement chuter leur valeur puisque la même quantité de monnaie achète une quantité plus faible de biens ou d'actifs, d'où *in fine* le risque de perte de confiance dans la monnaie ; soit une monnaie comme le bitcoin, dont l'offre est au contraire exogène, prédéterminée et augmente de moins en moins, ce qui fait que tout choc de demande aboutit à une variation violente du prix, comme le mouvement que l'on a observé à la fin 2020 (voir graphique 17).

Graphique 17
Prix du bitcoin (US $)

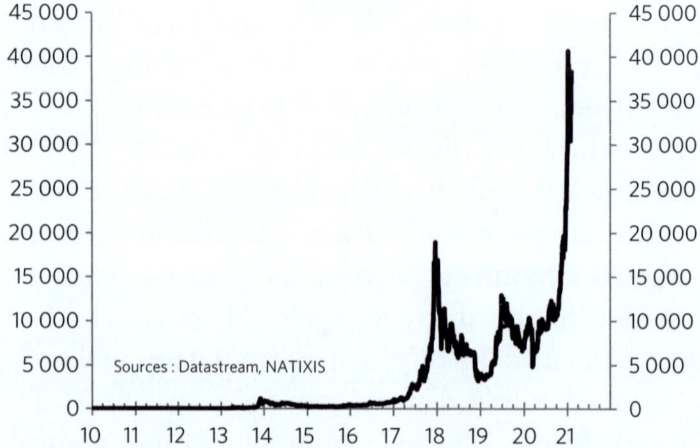

Pour s'en faire une idée, songeons que si 1 % de la masse monétaire mondiale se portait sur du bitcoin, le prix de celui-ci grimperait aussitôt à 100 000 dollars (il était à 25 000 dollars au début de 2021) ! Une telle volatilité du prix fera, à long terme, disparaître la demande pour les actifs monétaires dont l'offre est exogène. Il faudrait imaginer une monnaie intermédiaire entre monnaies publiques et bitcoin, une monnaie dont l'offre serait gérée : celle-ci ne serait pas rigide, augmenterait dans des proportions raisonnables et réagirait aux chocs de demande pour stabiliser les prix (c'est-à-dire les taux d'intérêt et les taux de change), autrement dit ce que les banques centrales faisaient dans le passé et qu'elles ne font plus aujourd'hui.

Tant que tel ne sera pas le cas, la fuite devant la monnaie semble peu probable. En revanche, le scénario d'une économie qui vogue de bulle en bulle minée par l'instabilité financière est, lui, tout à fait crédible et ne peut être tenable à long terme. Cela veut dire que la monétisation permanente des déficits publics ne constitue pas à long terme une solution raisonnable et que la troisième « béquille » ne sera pas plus éternelle que les deux premières. La stratégie contemporaine des banques centrales des pays de l'OCDE nous a installés dans un système de déséquilibres permanents : expansion budgétaire sans limite, bulles durables sur les prix des actifs, inégalités patrimoniales encore plus fortes, risque de fuite devant la monnaie…

Alors, comment tout cela peut-il finir ? Que fera-t-on lorsque la dernière tentative de politique économique stimulante échouera en raison de l'instabilité financière qu'elle finira par faire apparaître, sans oublier les risques politiques et sociaux associés à la flambée des inégalités et au développement de la précarité et de la pauvreté ? Le capitalisme sera-t-il capable, une fois de plus, de s'adapter, de se réformer de l'intérieur ? On entend beaucoup évoquer depuis quelques mois le désir de voir un « monde d'après » radicalement différent émerger de l'enchaînement de crises (sanitaire, climatique, sociale…) que nous traversons. Mais il ne faut pas trop se faire d'illusions. Dans un premier temps au moins, le monde d'après risque de ressembler furieusement au monde d'avant en… pire. Mais à plus long terme, le capitalisme, comme le homard, n'aura pas d'autre choix que de faire une nouvelle fois sa mue. Se doter d'une nouvelle carapace. Ce qui dans les désarrois de ce printemps 2021 peut résonner comme un terrible défi, mais constituer aussi une chance à saisir. Reste à définir les contours à la fois désirables et crédibles de ce nouveau capitalisme dans la perspective d'un *reset* salvateur, comme on aime à le dire aujourd'hui dans les hautes sphères économiques mondiales.

CHAPITRE 6

À la recherche du « monde d'après »…

Cette année, Davos se « délocalise ». Le Forum économique mondial qui réunit chaque hiver les grands de ce monde pour se pencher sur l'air du temps capitaliste est organisé exceptionnellement au printemps à Singapour. Dès janvier, les « dialogues de Davos » ont permis aux participants d'échanger sur le thème de l'année, celui de la « grande réinitialisation » (*Great Reset*). Autrement dit, la nécessité de revoir de fond en comble nos priorités afin de « construire un système économique et social pour un avenir plus juste, plus durable, plus résistant ». Klaus Schwab, son fondateur, s'est montré – comme chaque année depuis des lustres – intraitable : « Pas question de rapiécer l'ancien système condamné par les défis sociaux, écologiques et sanitaires. » Les milliers de milliards de dollars injectés dans le système sanguin mondial afin de réparer les dégâts provoqués par la Covid-19 représentent une chance unique de remettre la planète sur la bonne voie, une voie inclusive et durable, a-t-il ajouté. Un défi lancé aux dirigeants qui avaient choisi de suivre les débats sur Internet.

En 1971, lors de la première édition, le même Klaus Schwab défendait déjà l'idée que l'entreprise n'est pas seulement responsable de ses actionnaires mais de tous ceux qui dépendent d'elle, les fameux *stakeholders* (l'ensemble des acteurs qui contribuent à la réalisation des objectifs de l'entreprise). Cinquante années et quelques crises plus tard, tout ce que la planète compte de sommités et d'experts lui a emboîté le pas pour exhorter les dirigeants du monde à éradiquer la pauvreté, l'inégalité et l'impéritie collective en matière de climat. Bref, à imaginer ce « monde d'après » radieux qui suscite tant de déclarations d'amour et de bonne volonté depuis quelques mois. « Il nous faudra demain [...] interroger le modèle de développement dans lequel s'est engagé notre monde depuis des décennies et qui dévoile ses failles au grand jour. [...] Nous devons en reprendre le contrôle. Les prochaines semaines et les prochains mois nécessiteront des décisions de rupture en ce sens », déclarait Emmanuel Macron dès le début de la pandémie dans une intervention télévisée[1]. Paroles, paroles ?

Depuis des décennies, nous sommes habitués à ces déclarations de bonnes intentions lorsqu'une crise un peu plus sérieuse que les autres fait monter comme une bouffée de culpabilité collective. Cette fois, beaucoup veulent croire que la prise de conscience des dérives mortifères de ce capitalisme néolibéral né dans les années 1980 va enfin déboucher sur des décisions plus solides que des

1. Jeudi 12 mars 2020.

stratégies de communication et autres discours politiquement corrects sur la « raison d'être » ou la « mission » de l'entreprise. Des décisions qui se préoccuperaient davantage du long terme (santé, éducation, formation, climat...), valoriseraient les compétences et les territoires, organiseraient pour de bon la transition environnementale et concrétiseraient enfin une détermination collective à mettre en place un partage plus équitable des revenus, une réduction des inégalités et de la pauvreté. Bien sûr, c'est notre conviction, l'avenir se jouera avec la disparition de la dernière « béquille monétaire ». Serons-nous alors en capacité d'imposer cette révolution qui rencontre encore aujourd'hui de nombreuses réticences. Le pire n'étant jamais sûr, il nous faut collectivement parier sur un scénario optimiste : la crise sans précédent que nous traversons pourrait finalement accoucher du meilleur. Toutefois, il est à craindre que, au moins dans un premier temps, la mise en œuvre des bonnes résolutions se révèle plus chaotique. Dans ce chapitre conclusif, nous allons d'abord regarder pourquoi le « monde d'après » risque de se faire désirer, avant de proposer quelques pistes de réflexion destinées à donner corps à ce nouvel esprit du capitalisme que tout le monde appelle de ses vœux.

Vers un capitalisme encore plus « sauvage » après la crise sanitaire ?

Dans un monde plus que jamais incertain, voire anxiogène, la réaction naturelle de tout organisme « vivant » consiste d'abord à tenter de protéger ce qu'il a. Cela est vrai tant au niveau individuel qu'au niveau des organisations. En ce qui concerne les entreprises, ce réflexe de protection, voire tout simplement de survie, devrait les conduire à se focaliser dans un premier temps sur une obsession et une seule : rétablir au plus vite une situation financière secouée par la pandémie.

Après la saignée de 2020 (le PIB mondial a chuté de 3,5 %, 3,4 % aux États-Unis, 6,8 % en zone euro, plus de 8,3 % en France, 9,6 % au Royaume-Uni[1]), la plupart des entreprises (à l'exception de quelques secteurs favorisés par la crise sanitaire) seront en mauvaise santé, voire en situation de jouer leur survie. Elles devront faire face à une forte baisse de leurs profits, une diminution de la productivité du travail liée au renchérissement des coûts de production dû aux nouvelles normes sanitaires et à une augmentation de l'endettement destinée à compenser l'amaigrissement de leurs chiffres d'affaires. En 2020, les profits des entreprises ont reculé en moyenne de 25 à 30 % dans l'OCDE et leur endettement augmenté de l'équivalent d'une année de profits. Les bilans sont fortement dégradés.

Le premier réflexe des dirigeants sera donc de traquer toutes sources de réduction des coûts et d'accumuler des réserves de cash afin de disposer d'une trésorerie suffisante en cas d'urgence. Ils vont aussi, dans un premier temps, limiter strictement leurs investissements, limiter les embauches au strict nécessaire et embaucher avec des contrats de travail courts et/ou temporaires pour, à la première alerte, ajuster leurs effectifs rapidement, accélérer la robotisation et, bien sûr, poursuivre leur politique d'austérité salariale. D'ores et déjà, la plupart des

1. *OECD Economic Outlook. Coronavirus : Turning Hope Into Reality*, 1er décembre 2020.

entreprises ont décidé de geler les salaires : en quelques mois, on est passé d'une augmentation moyenne des salaires de quelque 2,5 % l'an dans les pays de l'OCDE à un petit 0,5 %. Autant dire que la question de l'austérité salariale, caractéristique la plus emblématique qui soit du capitalisme néolibéral (en vingt ans, rappelons-le, les salaires réels n'ont progressé qu'à concurrence d'un tiers des gains de productivité), devrait rester d'actualité. À tout cela, on peut ajouter une réduction des besoins en bureaux avec le développement du télétravail, ce qui va permettre de réduire les coûts immobiliers et mettre une pression à la baisse sur les prix des sous-traitants. Sans oublier la poursuite des délocalisations vers les pays à coûts salariaux faibles, que les entreprises, à la recherche d'une remontée rapide de leur rentabilité, accélèrent et ne freinent certainement pas.

La transition énergétique bousculée par la Covid

Dans leur effort pour réduire les coûts au maximum et restaurer leur situation financière, les entreprises – comme d'ailleurs les États – ne vont pas non plus s'empresser d'investir massivement dans la transition climatique et environnementale forcément coûteuse, au moins dans un premier temps. La période post-Covid a toutes les chances de correspondre à une étape où, même si la préoccupation pour le long terme est inscrite à l'ordre du jour, il sera délicat de la financer. On sait, par exemple, que pour respecter les engagements climatiques internationaux il faudrait que les émissions de CO_2 diminuent de 3 % par an quand elles augmentaient encore de 0,5 % en 2019. Une trajectoire qui nécessite d'accélérer le rythme des investissements dans les énergies renouvelables pour atteindre un étiage chiffré par les experts à quelque 800 milliards de dollars par an (contre 300 milliards en 2018). Un objectif qui n'était pas considéré comme inatteignable, mais c'était… avant le début de la crise sanitaire.

Prenons l'exemple de l'Union européenne. Pour atteindre les objectifs fixés par la Commission de Bruxelles, autrement dit réduire les émissions de 50 à 55 % à l'horizon 2030, il faudrait multiplier par 3,7 en dix ans le poids des énergies renouvelables dans le mix énergétique (il représentait 9,4 % en 2018) tout en réduisant la consommation d'énergie, et Bruxelles a chiffré à deux points de PIB, soit quelque 260 milliards d'euros, les investissements nécessaires pour y parvenir. Dans l'absolu (et avant mars 2020), le chiffre n'était pas hors de portée dans la mesure où les taux d'intérêt sont très bas et où l'UE à 27 affiche un excédent extérieur, donc un excédent d'épargne considérable : depuis 2015, celui-ci était supérieur à 300 milliards d'euros annualisés et il a atteint encore 200 milliards en 2020. Il n'était donc pas extravagant de songer à mobiliser cette épargne jusque-là prêtée au reste du monde pour financer la transition énergétique européenne.

Mais le virus bouleverse la donne. Côté secteur public, la sortie de crise s'annonce assortie d'une très forte augmentation de l'endettement avec la dérive des déficits et le recul de la croissance. Autant d'éléments auxquels il faut ajouter, en ce qui concerne la zone euro, la probabilité que la BCE réduise un jour ou l'autre la taille de ses achats de dette publique. Dès lors, le financement des dépenses publiques supplémentaires associées à la bataille climatique s'annonce plus délicat qu'avant mars 2020. Quant aux entreprises, il est à craindre que pour les raisons déjà évoquées, elles soient tentées de revoir à la baisse voire de différer les investissements nécessaires. Des décisions d'investissements de long terme déjà difficiles à prendre en période de beau temps dès lors que – comme c'est le cas dans le modèle capitaliste actuel – l'exigence de forte rentabilité du capital signifie que les entreprises utilisent un taux d'actualisation élevé. Citons l'exemple des investissements dans l'isolation thermique des logements anciens pour lesquels les estimations affichent un rendement compris entre 0,8 et 1,6 %. Ou celui des batteries électriques : en décembre 2019, le projet de la Commission européenne estimait que les États devaient investir au minimum 3,2 milliards d'euros d'argent public afin d'en garantir la rentabilité pour le secteur privé. Il faudra alors probablement une intervention plus importante des États pour financer les investissements à long terme, ce qui est l'esprit du plan de relance de 750 milliards d'euros de la Commission européenne.

En outre, un autre point souvent négligé dans le débat a son importance : il ne suffit pas d'investir dans les énergies renouvelables pour réduire les émissions de CO_2, encore faut-il détruire le capital qui est à l'origine de ces émissions. Une transition énergétique rapide signifie aussi qu'un stock important de capital devient inutilisable, tels les gisements de pétrole et de gaz, les usines électriques, les raffineries de pétrole... Ainsi, prenons l'exemple du secteur de l'énergie : l'OCDE a chiffré le capital inutilisable pour cause de transition énergétique à 320 milliards de dollars dans la production d'électricité,

520 milliards dans le secteur du pétrole et du gaz naturel, 20 dans le raffinage, 12 dans le charbon... Il s'agit de montants considérables. Détruire ce capital fera chuter la production, donc baisser le niveau de PIB, mettra en difficulté les entreprises concernées et provoquera de nombreuses destructions d'emplois, pour la plupart des emplois qualifiés voire très qualifiés (automobiles à moteur thermique, énergies d'origine fossile, industries plastiques, etc.) quand ceux créés par la transition seront, dans leur majorité, plutôt peu sophistiqués (isolation, par exemple). Tout cela au risque d'aggraver la polarisation du marché du travail. Compte tenu de la nouvelle donne post-Covid, peut-on être sûr que priorité sera donnée à la réalisation de la transition énergétique dans les délais initialement prévus ?

Dans un premier temps, on peut donc craindre de voir perdurer un capitalisme encore plus dur, plus « sauvage », après le passage du virus qu'auparavant. Par ailleurs, si nombre de citoyens des pays de l'OCDE souhaitent tirer les leçons de la crise sanitaire et voir émerger un nouveau modèle de croissance, plus maîtrisé, plus équitable, plus inclusif, plus durable, cette aspiration (et les conditions qu'elle suppose aux yeux de l'opinion) se heurte encore à des freins à la fois structurels et culturels importants. Pour illustrer la réflexion, nous voulons évoquer ici la problématique des relocalisations, une des questions omniprésentes dans le débat public hexagonal, un débat qui englobe à la fois la question de l'emploi et celle de la souveraineté économique.

Relocalisations industrielles, reconquête ou mirage ?

De nombreux pays de l'OCDE songent à repenser les chaînes de valeur de l'économie-monde et à orchestrer des relocalisations industrielles sur leurs territoires afin de redresser l'emploi industriel et de reprendre la main sur un certain nombre de productions stratégiques. Les bénéfices espérés d'un tel mouvement sont connus : la création d'emplois qualifiés, bien rémunérés, à la productivité élevée, ce qui permettrait d'augmenter le niveau de vie des salariés occidentaux et la croissance potentielle de nos économies. Cette « restauration » réduirait aussi la dépendance vis-à-vis du reste du monde pour un certain nombre de produits stratégiques (médicaments, équipements pour la transition énergétique, télécoms...) ainsi que l'impact environnemental du transport sur l'état de la planète. Mais est-ce vraiment réaliste et à quelles conditions ?

Pour se forger une idée plus précise des enjeux et des possibilités, il est intéressant de se pencher sur les caractéristiques des pays de l'OCDE qui ont su conserver un secteur industriel important. Une analyse détaillée montre que l'on peut établir un lien significatif entre différents critères : la taille de l'industrie et de la R&D, les compétences, le niveau de robotisation, celui de la fiscalité sur les entreprises (en particulier, les impôts de production) ainsi que le taux d'épargne de la nation, autrement dit sa capacité à financer les investissements[1]. De cette analyse,

1. Pour plus de détails, voir Patrick Artus, « Relocalisations industrielles ? Quels pays ont pu conserver leur industrie », *Flash Natixis n° 1082*, 28 septembre 2020.

il ressort qu'un pays qui souhaite relocaliser sa production doit d'abord moderniser son industrie, innover davantage, accroître l'épargne domestique si celle-ci est trop faible, diminuer les impôts de production et améliorer les compétences de la population active. Tout un programme. Et s'il fallait hiérarchiser ces critères, nous dirions que c'est avant tout le couple coût du travail/compétences qui détermine la capacité à conserver une industrie de grande taille et les salaires qui l'accompagnent. Le pire des cocktails étant évidemment pour les pays qui associeraient coût du travail élevé et faibles compétences !

Un zoom centré sur les caractéristiques de ce binôme (coût du travail et compétences) à partir des données recueillies sur les salaires horaires dans l'industrie manufacturière et sur les scores obtenus par les pays régulièrement analysés par l'enquête PIAAC sur les compétences de la population active[1] et portant sur la période 2002-2019 confirme que l'on peut grossièrement constituer quatre groupes. Le premier, composé du Japon, de la Nouvelle-Zélande, du Canada et du Royaume-Uni, coche les deux bonnes cases (coût salarial faible et compétences fortes) ; le deuxième groupe – Finlande, Pays-Bas, Suède, Australie, Autriche, Allemagne, Danemark et Belgique – capitalise sur les compétences, mais les coûts salariaux y sont élevés ; le troisième groupe (Grèce et Espagne) peut espérer attirer les entreprises grâce à des coûts salariaux faibles, mais des compétences insuffisantes le pénalisent ; enfin, le quatrième (États-Unis, France, Italie) coche les deux mauvaises cases avec à la fois un coût salarial élevé et des compétences globalement insuffisantes. Et, comme

1. https://www.oecd-ilibrary.org/fr/education/l-importance-des-competences_176f15d3-fr.

on pouvait s'y attendre, ces trois pays sont effectivement, davantage que les autres, confrontés depuis quelques décennies aux affres de la désindustrialisation[1]. Le désir de relocalisations se heurte donc, sur le terrain, à cette double contrainte des coûts et des compétences. Certes, les chaînes de valeur régionales sont de retour, profitant de la fragilité croissante des chaînes de valeur mondiales, mais dans ce nouveau périmètre, il est à craindre pour les plus fragiles que l'avantage aille aux pays qui proposent le meilleur « rapport compétences/coût salarial ».

Ainsi, en Europe, par exemple, les entreprises devraient dans les années qui viennent produire davantage sur le continent pour servir le marché européen, mais elles vont privilégier les pays où les coûts salariaux sont attractifs, ce qui favorise les pays de la périphérie au sens large (PECO, Portugal, Maroc). Des pays où l'avantage coût est non négligeable : quand le salaire horaire (y compris les cotisations sociales) est supérieur à 35 euros en Allemagne comme en France, tutoie les 29 euros en Italie et les 22 euros en Espagne, il ne dépasse pas les 15 euros en moyenne dans les pays d'Europe centrale, 10 au Portugal et 2 euros au Maroc ! Ces pays étaient déjà dans une situation favorable avant la crise sanitaire. Ils seront encore mieux placés demain dès lors que les entreprises européennes chercheront plus que jamais à réduire leurs coûts salariaux. La situation, en revanche, ne devrait pas s'améliorer – au moins à court terme – pour les pays d'Europe de l'Ouest où les coûts salariaux sont élevés. *A fortiori*, lorsque les compétences de la population

1. Pour les détails des calculs et des résultats, voir Patrick Artus, « Le couple coût du travail/compétences et le poids de l'industrie », *Flash Natixis n° 1037*, 16 septembre 2020.

active y sont moyennes comme en France et en Italie, et dans une moindre mesure en Espagne qui peut toutefois miser sur des coûts salariaux plus faibles.

Le « triptyque infernal » qui plombe l'industrie française

La situation française mérite que l'on s'y arrête un instant. Dans notre pays, la question des relocalisations industrielles se transforme, de manière récurrente, en bombe sociale et politique car l'industrie et ses salariés ont payé et paient encore un lourd tribut à la désindustrialisation et aux délocalisations. De Whirlpool (Amiens) à Bridgestone (Béthune) en passant par ArcelorMittal (Florange), PSA (Aulnay), Goodyear (Amiens) ou Michelin (Clermont-Ferrand), sans oublier l'arrêt de la production de véhicules Renault à Flins, la saignée est sévère. Depuis 1995, la part des importations françaises de biens manufacturés a doublé tandis que le déficit de la balance commerciale de ces biens dévalait la pente pour dépasser les 80 milliards d'euros en 2020 et que l'emploi industriel perdait un gros quart de ses effectifs avec les conséquences que l'on sait sur les revenus (l'écart de 20 à 25 % entre un emploi qualifié dans l'industrie et un emploi peu qualifié dans les services) et sur la croissance potentielle. Voilà pourquoi, dans l'opinion, la définition d'un nouveau modèle de développement passe notamment par une autre politique industrielle afin de stopper l'hémorragie. Tout le monde rêve de « refaire de la France une grande nation de production industrielle » selon les mots d'Agnès Pannier-Runacher, ministre chargée de l'Industrie dans le gouvernement Castex. Mais les mots peuvent-ils être suivis de faits ?

Bien sûr, l'État peut décider demain d'orchestrer un mouvement de relocalisations ciblé en subventionnant massivement la production de biens jugés stratégiques (médicaments, batteries électriques...). En revanche, nous ne croyons pas à un mouvement significatif de relocalisations de la part du secteur privé. En tout cas pas tant qu'un certain nombre d'ajustements structurels n'auront pas été réalisés car la France souffre d'un problème d'attractivité qui les décourage. Un « triptyque infernal » qui plombe l'industrie tricolore : la faiblesse des compétences de la population active (dans l'enquête PIAAC de l'OCDE sur les compétences des adultes, la France pointe en vingt et unième position sur 24 pays étudiés), le surcoût des coûts salariaux (+ 20 % pour le salaire horaire cotisations sociales incluses par rapport à la zone euro hors France, un multiplicateur de 3,7 par rapport aux PECO) sans oublier la pression fiscale sur les entreprises. Dans l'Hexagone, les impôts sur les entreprises pris au sens large (cotisations sociales + impôts sur les bénéfices + impôts sur la production + impôts divers) représentent 19 % du PIB contre 12 % pour la zone euro hors France. Le plan de relance élaboré par Bercy prévoit une diminution de 10 milliards d'euros des impôts de production, mais il faudrait une baisse au moins trois fois plus importante pour ramener la France au niveau des autres pays européens. Dès lors, quoi d'étonnant s'il ne se passe pas de semaine sans que l'on apprenne que telle ou telle usine implantée dans l'Hexagone a décidé de s'installer en Pologne, en Roumanie, en Slovaquie ou au Portugal.

La construction automobile, symbole de la déconfiture industrielle tricolore

Aucun secteur peut-être n'illustre mieux la déconfiture industrielle française que la construction automobile. En 2000, la France était encore le deuxième producteur et exportateur européen derrière l'Allemagne. Elle pointe aujourd'hui au cinquième rang. Entre-temps, les délocalisations se sont succédé, l'emploi a diminué d'un bon tiers (36 %), la France a été doublée par l'Espagne et même, en tout cas sur la période 2014-2016, par le Royaume-Uni. Une note récente du Conseil d'analyse économique[1] montre que cette hémorragie n'est nullement le résultat d'un fiasco commercial (la part de marché des marques tricolores est relativement stable depuis vingt ans) mais celui de l'impact du coût du travail par unité de production et des impôts de production, deux handicaps auxquels il faut ajouter l'incidence de la diminution irrésistible de la production sur le territoire français dans une industrie où seule la taille permet les économies d'échelle nécessaires à la préservation de la compétitivité. Or on croit comprendre que le niveau du coût du travail et des impôts de production a accéléré les délocalisations, surtout depuis le début du siècle. Les auteurs de l'étude ajoutent même que « Renault figure parmi les cinq premières marques qui délocalisent le plus au monde ».

À la lecture de ces lignes, on songe évidemment au destin de la légendaire usine Renault de Flins, celle qui

1. Keith Head, Philippe Martin et Thierry Mayer, « Les défis du secteur automobile : compétitivité, tensions commerciales et relocalisation », Les notes du Conseil d'analyse économique, juillet 2020, n° 58, p. 1-12.

a connu le lancement de tous les grands succès de la firme au losange depuis les années 1950 et employait encore plus de 20 000 ouvriers au début des années 1970. Elle cessera toute activité de production vers 2024 pour se transformer en unité de reconditionnement (une *re-factory* comme on dit aujourd'hui). Auparavant, le site des Yvelines avait déjà perdu la fabrication de la Clio au profit de la Turquie (Busan) et de la Slovénie avant que Nissan décide d'arrêter l'assemblage de la Micra tandis que celui de la Zoe migrait vers Douai. La direction du groupe affirme vouloir faire de Flins « la première usine européenne dédiée à l'économie circulaire de la mobilité ». Une formule ronflante assortie de l'engagement de créer quelque 3 000 emplois à l'horizon 2030. D'ici là, le reclassement des 2 600 salariés actuels s'annonce délicat, sans parler de celui du gros millier d'intérimaires qui travaillent sur le site. Quant à la nature des emplois qui seront proposés par la *re-factory*, il est encore trop tôt pour être plus précis, l'annonce de la reconversion datant de novembre 2020, mais on peut imaginer qu'ils seront demain moins qualifiés que ceux d'hier. Tout au plus peut-on espérer que la direction du groupe réussisse à limiter le gâchis humain alors même que, en l'occurrence, le savoir-faire des salariés français de l'industrie automobile n'est pas en cause, mais au contraire reconnu dans le monde entier.

À ce stade de la réflexion, on aimerait pouvoir soutenir qu'il suffirait de relocaliser les lignes de production perdues depuis des décennies pour sauver l'essentiel de ce savoir-faire tricolore, mais le temps perdu ne se rattrape guère, comme dit la chanson. Et, pour de nombreux experts, le débat sur les relocalisations autres que marginales relève des fausses solutions. Un autre rapport, confié cette fois à Hervé Guyot, un ancien directeur de la stratégie de Faurecia, préconise de profiter du basculement vers la voiture électrique pour relocaliser un maximum de production dans l'Hexagone. Une option possible mais exigeante compte tenu de l'écart désormais installé en matière de coûts de production et de productivité. Les optimistes ont-ils tout de même raison de voir dans la destinée de Renault Flins l'emblème à la fois du drame et des espoirs que vivent les salariés de l'industrie française en 2021 : un électrochoc à court terme mais l'espérance pour les nouvelles générations d'être parties prenantes de la transformation de notre modèle de croissance ? L'avenir le dira.

Compte tenu de la situation présente, nous ne pensons pas en tout cas qu'il soit réaliste d'espérer voir des relocalisations industrielles suffisamment massives s'organiser dans l'Hexagone pour réduire les importations en provenance des pays émergents et relancer l'emploi industriel. En réalité, le déficit commercial de la France se creuse d'ailleurs vis-à-vis des pays développés et les relocalisations en Europe associées au retour des chaînes de valeur régionales ont malheureusement toutes les chances d'avoir lieu ailleurs sur le sol européen. Enfin, ajoutons pour compléter la réflexion sur la question des relocalisations qu'un tel mouvement ne se ferait pas sans un accroissement significatif du prix des produits concernés en raison de l'écart de coût de production qui existe désormais entre la France et le reste du monde, en particulier avec les pays émergents. Citons une hypothèse évidemment extrême, mais qui permet de se faire une idée de l'ampleur du fossé à combler : une relocalisation complète de l'industrie française ferait grimper de 21 % le prix des produits industriels. Un chiffre que chaque citoyen-consommateur pourra méditer.

Pour conclure sur les relocalisations, on peut imaginer que celles-ci seront limitées aux relocalisations stratégiques subventionnées par l'État ainsi qu'à quelques relocalisations de productions haut de gamme si celles-ci sont d'ampleur suffisante pour que les rendements d'échelle soient exploités et si la France est compétitive pour la production concernée. Quant aux délocalisations, elles devraient se poursuivre, au moins dans les années qui viennent, tant que les ajustements structurels visant à restaurer la compétitivité de l'Hexagone ne porteront pas leurs premiers fruits.

À court terme, la seule solution constructive est de faciliter le transfert des emplois des entreprises qui délocalisent vers celles qui en créent. À moyen/long terme, il faut se donner les moyens de corriger les causes structurelles des délocalisations : baisse des impôts des entreprises, réforme du système éducatif et de la formation professionnelle. Sans cette amélioration de l'attractivité de la France, les efforts pour réduire les délocalisations seront très inefficaces. Sans compter que la réalité est un peu différente de la perception que nous en avons : en France, les pertes d'emplois industriels ne sont dues que pour un cinquième à la globalisation (quatre cinquième au progrès technique et au cadre social et fiscal). C'est donc moins la globalisation que la perte d'attractivité et d'innovation qui produit la baisse du niveau de vie des Français et un regain de protectionnisme ne ferait que réduire le pouvoir d'achat en raison des coûts de production nettement plus élevés en France que dans les pays émergents. C'est donc la bataille de l'attractivité grâce aux réformes structurelles qu'il faut gagner. Mais la France, comme d'ailleurs nombre de pays de l'OCDE confrontés à la même problématique, en aura-t-elle le temps ? Il s'agit pour commencer de convaincre une société durement éprouvée par les mutations et les crises qu'il faudra encore patienter avant de pouvoir s'appuyer sur un modèle plus équitable et plus durable.

Jusqu'où accepter la dynamique schumpétérienne ?

L'autre fausse solution consisterait à éviter à tout prix les destructions d'emplois dans les secteurs bousculés par la crise (automobile, aéronautique, transport aérien, tourisme, distribution traditionnelle, culture, immobilier de bureau) quitte à maintenir un certain nombre d'entreprises plus ou moins artificiellement en vie à coups d'aides et de subventions. Cette stratégie limiterait en effet le nombre de défaillances et la montée du chômage (c'est bien ce que l'on a observé en 2020), mais, à moyen terme, elle augmenterait encore le nombre des entreprises zombies[1], fragiles, surendettées, en croissance faible, et *in fine* un nouveau recul des gains de productivité porteur de catastrophes sociales plus douloureuses encore. La multiplication des entreprises zombies affaiblit en effet les autres entreprises (et donc l'ensemble de l'économie)

1. On appelle entreprises zombies des entreprises ayant au moins dix ans d'âge et dont le revenu opérationnel est insuffisant pour couvrir les charges d'intérêt pendant trois années consécutives.

en conservant le travail et le capital qui devraient être réalloués de manière plus efficace, en recevant des crédits qui privent les autres entreprises de financement et en créant des distorsions de concurrence puisqu'elles produisent avec de faibles marges bénéficiaires.

Une stratégie alternative consiste à laisser faire, sauf cas particuliers, la dynamique schumpétérienne, autrement dit les disparitions d'emplois dans les secteurs en difficulté et leur transfert dans les secteurs en croissance (santé et pharmacie, télécoms, services informatiques, distribution en ligne, sécurité, logistique, services à la personne...) à la condition expresse d'organiser enfin sérieusement sur la durée la requalification de leurs salariés. Cette stratégie est plus douloureuse à court terme mais préserve à plus long terme l'employabilité et la mobilité des salariés et le dynamisme de l'économie. Le dilemme est fort dans un pays comme la France parce que nous n'avons pas fait depuis longtemps les efforts d'éducation indispensables à cette mobilité et que nous n'avons pas davantage mis en place le système de protection de la personne (et non des emplois) susceptible de maintenir le revenu des salariés qui perdent leur travail, ainsi que le système de formation qui leur permettrait d'en retrouver un nouveau rapidement.

Éviter à tout prix la disparition des entreprises zombies ne serait pas plus réaliste que d'espérer la fin des délocalisations ou l'organisation de relocalisations industrielles massives. Mais, pour rester sur le cas français, le réalisme oblige à dire que, dans un premier temps, la tension risque de monter d'un cran entre d'un côté les aspirations à la mise en place d'un nouveau système plus efficace à terme, quitte à passer par l'étape « destruction créatrice » et la tentation – qui reste puissante – de préserver un *statu quo* protecteur. Les entreprises sont prises en tenailles entre ces injonctions contradictoires. Un dilemme illustré par la mésaventure vécue fin 2020 par Emmanuel Faber, président du groupe Danone et figure emblématique de la volonté affichée par certains grands groupes internationaux de participer activement à la rénovation du capitalisme. En juin 2020, le P-DG a fait en effet adopter par son groupe le statut juridique d'« entreprise à mission », déclarant que « sans justice sociale, il n'y aura plus d'économie » avant d'annoncer en novembre un plan de suppressions d'emplois dans les sièges sociaux du groupe au nom de la « protection de la rentabilité de l'entreprise », donnée qu'il qualifie alors de « fondamentale », reléguant toutes les autres au second plan, à commencer par celle d'un partage plus équitable de la valeur. Un peu comme on distingue l'« essentiel » du « non-essentiel » ! Il ne s'agit pas de stigmatiser ici le président de Danone, qui a su par ailleurs prendre des initiatives courageuses sur le plan tant social qu'environnemental et fait en France, avec quelques autres dirigeants, figure de pionnier du capitalisme inclusif, mais de montrer combien les entreprises, les acteurs économiques d'une manière générale, sont confrontés à des injonctions contradictoires qu'il est de plus en plus difficile de réconcilier.

Définir un nouvel équilibre entre consommateurs, salariés, actionnaires et citoyens

Non seulement le capitalisme néolibéral s'est organisé pour privilégier les actionnaires, mais il a réussi à rendre compatibles deux objectifs qui *a priori* ne l'étaient pas : la quête d'une rentabilité élevée du capital au profit des actionnaires et le soutien de la consommation *via* des prix aussi bas que possible grâce aux choix opérés depuis plusieurs décennies (délocalisations, développement de la grande distribution et du commerce en ligne, bas salaires, utilisation non raisonnée des énergies fossiles...). Cette option a permis de compenser en partie la faiblesse des salaires : les délocalisations vers les pays émergents à coûts salariaux faibles et l'importation de produits bon marché ont accru le pouvoir d'achat des ménages de l'OCDE de 0,2 % par an depuis les années 1990. D'où, d'ailleurs, la forme de « schizophrénie » qui s'est installée entre des consommateurs qui trouvent naturel de pouvoir acheter des biens de consommation courante toujours moins chers et des salariés-citoyens volontiers ulcérés par le niveau des salaires et/ou la lenteur de la transition énergétique.

Cette stratégie – en tout cas, son volet si généreux pour les actionnaires – est désormais, on l'a vu, remise en cause. Parfois même violemment. Un consensus est en formation autour de nouveaux objectifs de politique économique, susceptibles de donner corps à un nouveau modèle de croissance, en tout cas dans la zone euro : augmentation des bas salaires, lutte contre la pauvreté, réduction des inégalités, accélération de la transition énergétique, relocalisation de certaines industries, développement du commerce de proximité, encouragement à la création de « champions » européens jouissant d'une position dominante...

La mise en œuvre de ce nouveau modèle souhaitée désormais par les opinions publiques et les gouvernements des pays de l'OCDE (notamment l'accélération de la transition énergétique et les relocalisations) ne peut toutefois se concrétiser sans un ajustement radical de l'approche tant individuelle que collective car elle suppose, en première instance, une réduction du pouvoir d'achat des ménages *via* l'augmentation des prix. Il s'agirait donc de définir un nouvel équilibre fait d'un partage des revenus plus favorable aux salariés pour compenser les hausses de prix et une rentabilité du capital pour l'actionnaire plus faible. Une option qui suppose de débattre d'un choix collectif explicite : abandonner la stratégie de soutien prioritaire du consommateur et de son pouvoir d'achat au profit d'une stratégie plus équilibrée, qui prenne en compte aussi la réduction des inégalités, la prospérité des producteurs, la défense du climat, la revitalisation des villes, la souveraineté européenne.

Ce débat, fondamental, ne peut plus être éludé. En tout cas nous pensons qu'il doit être mené à l'échelle européenne, un continent où a été mise en œuvre depuis des décennies, et comme ailleurs dans les grands pays de l'OCDE, cette politique économique centrée sur les consommateurs, politique à laquelle on a ajouté, contrairement à ce qui s'est passé aux États-Unis, une pratique très stricte des règles de la concurrence, pratique elle aussi favorable aux consommateurs puisqu'elle empêche l'apparition de rentes de monopole. Il s'agit de définir un nouvel équilibre entre actionnaires, consommateurs, salariés et citoyens favorable à toutes les parties prenantes, mais sans renoncer à la concurrence.

Concrètement, ce nouvel équilibre commence à se dessiner, en tout cas sur le front climatique et environnemental. Les entreprises multiplient les initiatives pour ralentir les émissions de CO_2 (voir graphique 18), avancer sur la voie de la transition énergétique avec une augmentation des projets et des investissements dans les énergies renouvelables, dans le stockage de l'électricité, dans la capture du carbone... Les États sont aussi dans leur rôle en mettant en place les incitations nécessaires : avantages fiscaux (voitures électriques, rénovation des logements et des bâtiments), prix suffisamment élevé du CO_2. Quant aux institutions financières et autres investisseurs, ils accentuent aussi leur pression afin d'inciter les entreprises à modifier leurs comportements. L'encours d'obligations vertes a dépassé les 1 000 milliards de dollars dans le monde tandis que le nombre de fonds ESG (pour environnementaux, sociaux et de gouvernance) et leurs actifs sous gestion prospèrent rapidement (ainsi que les actifs financiers correspondants, voir graphique 19). En 2020, plus de 3 000 investisseurs ayant plus de 103 000 milliards de dollars sous gestion ont signé les six principes pour l'investissement responsable (PRI) des Nations unies[1] et plus de 500 d'entre eux gèrent des actifs répondant aux critères ESG pour un montant de 23 500 milliards de dollars (contre seulement 2 000 milliards en 2006, voir graphique 19) Dans le monde des affaires et de la finance, il y a sur les questions de l'environnement un changement de climat. Sur ce terrain au moins, le secteur privé, à commencer par l'industrie financière, avance plus rapidement que les États.

1. Le premier de ces six principes est l'incorporation de l'ESG dans l'analyse d'investissement et la prise de décision.

Graphique 18
Monde : émissions de CO_2 (100 en 1990)

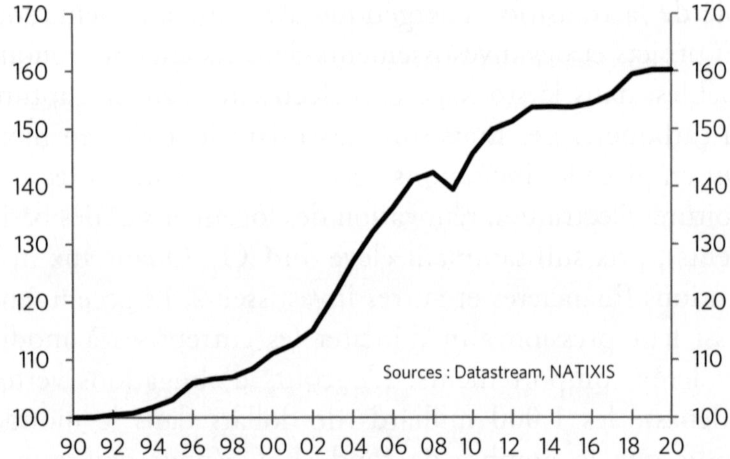

Graphique 19
Monde : encours d'obligations vertes* (Md $)

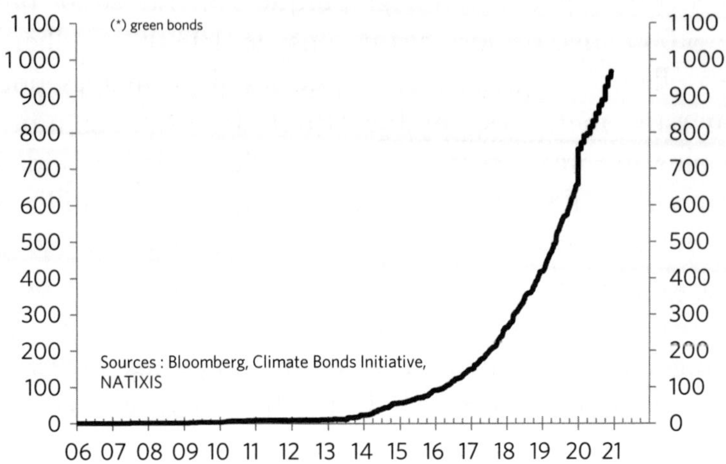

Si la question environnementale et ses exigences font de plus en plus consensus, il n'en va pas de même sur celle, centrale, du partage des revenus qui suscite encore de nombreuses réticences, notamment parmi les anciennes générations désireuses de conserver un rendement élevé pour leurs placements financiers et souvent très réservés à accepter toute baisse de rendement de leur capital. Pourtant, avec la crise sanitaire, le rejet du capitalisme qui « sort » dans toutes les enquêtes d'opinion depuis plusieurs années va continuer à progresser, surtout si la politique monétaire expansionniste continue à fabriquer un énorme enrichissement patrimonial tandis que chômage et précarité ne cesseront d'augmenter.

Si l'on veut que le capitalisme se réforme vraiment, que le partage des revenus entre salaires et profits soit plus équitable, que les inégalités diminuent, que les bas salaires augmentent, que la pauvreté recule, que les délocalisations soient limitées, le levier d'endettement réduit, que la transition écologique avance, que la cohésion sociale s'améliore, il est indispensable que les entreprises et leurs actionnaires acceptent une diminution du RoE. Les entreprises peuvent bien se déclarer « à mission », faire d'émouvantes déclarations, s'engager à améliorer leurs performances environnementales et sociales, rien de majeur ne changera si le rendement exigé du capital reste aussi élevé. Cette fois, il ne suffira pas de se contenter de faire du *mission washing* comme d'autres font du *green washing* !

Conscients que la modération des exigences de rendement du capital constitue un préalable absolu à toute réforme du capitalisme, certains dirigeants réfléchissent déjà aux moyens de faire évoluer le système. Nous voudrions évoquer ici une piste qui nous paraît féconde :

celle de la distribution de capital aux salariés, autrement dit une augmentation de l'actionnariat salarié qui diluerait les actionnaires anciens, sachant que toute formule fondée sur une hausse des salaires présenterait de nombreux inconvénients : distorsions de concurrence entre pays sauf à jouer la carte de la coordination ; retour de l'inflation et des politiques monétaires restrictives, ce qui serait catastrophique compte tenu des niveaux d'endettement.

Cette piste nous paraît essentielle à condition qu'elle soit cette fois d'une ampleur significative et non, comme par le passé, distillée à dose homéopathique. Actuellement, l'actionnariat salarié des sociétés cotées est en Europe ridiculement modeste : avec 3,53 %, la France est le pays européen où la part du capital détenu par les salariés est la plus élevée ! Elle plafonne à 1,15 % au Royaume-Uni, 0,80 % en Allemagne, 0,52 % en Italie et 0,27 % en Espagne (4,89 % aux États-Unis). Ainsi, les salariés recevraient une fraction plus importante des dividendes et le rendement sur fonds propres baisserait mécaniquement puisque la distribution gratuite d'actions augmenterait le nombre de titres en circulation. On passerait ainsi de la logique actuelle du capitalisme, la relution (la hausse du bénéfice par action obtenue par les rachats d'actions ou l'endettement), à une logique de dilution par augmentation de capital destinée à distribuer des actions gratuites aux salariés. Les actionnaires anciens seraient invités à accepter une baisse de la valeur de leurs actions et de leurs dividendes, mais une telle distribution servirait à transférer du patrimoine et du revenu aux salariés qui profiteraient ainsi de l'enrichissement patrimonial généré sans que l'opération dégrade la compétitivité-coût de l'entreprise. En outre, deuxième vertu à une telle redistribution, on favoriserait ainsi le développement du nombre des actionnaires locaux et réduirait du même coup le poids des grands actionnaires anglo-saxons, ce qui contribuerait à renforcer le capitalisme européen. Pour l'ensemble des sociétés non cotées, la participation et l'intéressement devraient aussi être mobilisées pour associer, sur le plan financier comme sur le plan managérial, les salariés au développement de leur entreprise, même si on ose à peine évoquer encore une proposition tellement usée à force d'avoir servi (depuis de Gaulle) sans être jamais vraiment suivie d'effets suffisamment significatifs pour initier une modification en profondeur de l'esprit du capitalisme...

Une telle évolution des mentalités passe aussi par un changement d'approche des gestionnaires d'actifs car l'exigence de rentabilité élevée du capital n'est pas le fait de l'épargnant de base mais celui de l'organisation du marché de la gestion d'actifs. En concurrence pour les parts de marché, les fonds de pension veulent offrir des rendements toujours plus élevés et cette concurrence aboutit à une norme déraisonnable de rentabilité du capital imposée par les gérants. Faire baisser cette exigence suppose un changement dans l'organisation de l'industrie de la gestion d'actifs. Les grands fonds publics de retraite par capitalisation d'Europe du Nord, par exemple, n'imposent pas une telle contrainte de rentabilité du capital, à l'opposé des grands fonds privés anglo-saxons, ce qui montre que c'est possible.

On conçoit aisément que de telles évolutions dans la philosophie et la pratique du capitalisme ne s'imposeront pas du jour au lendemain, mais – que ce soit grâce à l'évolution des mentalités ou sous la pression de la crise – de nombreux dirigeants d'entreprises et de plus en plus d'actionnaires aussi sont conscients de la nécessité de soigner l'acceptabilité sociale de leurs entreprises, acceptabilité remise en cause par l'évolution de la société et la succession des crises. Et ils ont commencé à le faire.

Pour un ordolibéralisme moderne en Europe

Nous voudrions terminer cette réflexion en évoquant une philosophie qui nous paraît féconde dans le contexte actuel, c'est celle qui s'inspire de l'ordolibéralisme, une philosophie de la gouvernance économique, politique et sociale théorisée dans les années 1930 par un trio d'économiste et de juristes de l'Université de Fribourg (voir encadré 11) et fondée sur une vision équilibrée et dynamique du partage des rôles entre les différents acteurs de la vie économique, notamment les entreprises et l'État, un partage susceptible d'optimiser la création de richesses et le bien-être individuel et collectif.

Encadré 11.
Aux origines de l'ordolibéralisme (l'école de Fribourg)

Au départ, l'« école de Fribourg » est composée de trois intellectuels allemands qui se retrouvent en 1933 à l'université du pays de Bade alors que la république de Weimar agonise et que les nazis arrivent au pouvoir. Walter Eucken, le plus connu du trio et le seul économiste, y occupe la chaire d'économie depuis 1927. Ses compagnons, Franz Böhm et Hans Grossmann-Doerth, y enseignent tous deux le droit après avoir l'un et l'autre travaillé sur l'épineuse question des ententes et des monopoles ainsi que sur le rôle des intérêts économiques privés pour expliquer les phénomènes de distorsion de concurrence. Et c'est précisément ce mariage de l'économie et du droit qui fera l'originalité des principes fondateurs de l'ordolibéralisme.

Comme son nom l'indique, l'ordolibéralisme est un libéralisme, mais un libéralisme qui se démarque du laisser-faire et des effets économiques, sociaux et politiques indésirables d'une liberté sans règles ni limites. À l'antiétatisme farouche des libéraux classiques, les « ordo » opposent une approche plus équilibrée, considérant que le droit de propriété et la liberté contractuelle ne suffisent pas à fonder une économie de marché libre et qu'il revient à l'État de la garantir. Le trio travaille sur un modèle baptisé « économie sociale de marché » articulé autour de la notion d'ordre (*Ordnung*) et où l'État ne doit pas interférer dans le jeu du marché mais l'organiser car, estiment-ils, la libre concurrence ne s'organise pas spontanément. Et pour ce faire, il faut des règles : « L'État doit consciemment construire les structures, le cadre institutionnel, l'ordre dans lesquels l'économie fonctionne, écrit Walter Eucken. Mais il ne doit pas diriger le processus économie lui-même[1]. » L'ordolibéralisme est une doctrine qui, partant du constat que le marché n'est pas un phénomène naturel, confie à l'État le soin de garantir des conditions de concurrence libre et non faussée entre les entreprises afin de permettre à l'économie d'optimiser la création de richesses et le bien-être individuel et collectif. L'ordolibéralisme est aussi un projet de société où la notion de responsabilité joue un rôle majeur : « L'économie de marché est une condition nécessaire mais non suffisante d'une société libre, juste et ordonnée. » La formule est de Wilhelm Röpke qui fut conseiller du chancelier Konrad Adenauer et de Ludwig Erhard, ministre des Finances puis chancelier, dont le nom est associé au « miracle économique allemand » des années 1960.

1. Cité par Siegfried G. Karsten, « Eucken's social market economy and its test in post-war West Germany », *The American Journal of Economics and Sociology*, 1985, vol. 44, n° 2, p. 169-183.

Cette doctrine repose sur quelques principes de base : une concurrence vivace (rejet des positions dominantes et des monopoles), la valorisation du principe de responsabilité (absence d'assurance indue contre les risques pris), la préservation d'une protection importante (lutte contre la pauvreté et les inégalités, salaire minimum décent), le tout assorti d'une lutte contre les déséquilibres macroéconomiques (inflation, endettement excessif) grâce aux choix de politique budgétaire et à l'action de la banque centrale, des politiques non discrétionnaires mais régies par des règles. Une approche – résumée généralement dans la formule d'« économie sociale de marché » – qui aujourd'hui encore influence fortement la politique économique allemande et qui pourrait avec profit inspirer la définition d'un nouvel esprit du capitalisme européen. Quelles en seraient les caractéristiques ?

1. Un environnement économique favorable à la croissance, c'est-à-dire où s'exprime la volonté de lutter contre les déformations du partage des revenus, dans un sens comme dans l'autre, afin d'éviter soit le recul des profits et de la compétitivité des entreprises et le retour de l'inflation, soit une dépression de la demande des ménages. Un environnement qui lutte aussi contre une fiscalité qui crée des distorsions (par exemple, un poids trop élevé des cotisations sociales des entreprises) et contre la création de positions dominantes et autres monopoles.

2. Des entreprises auxquelles on fait pleinement confiance pour innover, développer de nouveaux biens et services, lutter contre le réchauffement climatique car elles ont l'expérience des projets industriels, de l'innovation et

les capacités de réagir rapidement et efficacement aux évolutions.

3. Le maintien d'une protection sociale de qualité, la lutte contre les inégalités et la pauvreté.

4. Un État qui concentre son action sur les externalités importantes afin de les corriger : sécurité, inégalités et pauvreté bien sûr mais aussi des domaines où l'Europe est aujourd'hui en retard (réchauffement climatique, éducation de qualité).

En résumé, il nous semble qu'un nouvel esprit du capitalisme pourrait émerger en Europe avec la mise en œuvre d'un ordolibéralisme moderne qui lutterait contre les déséquilibres économiques qui ne sont ni acceptables ni efficaces, préserverait un socle de protection sociale correspondant aux valeurs du modèle européen, définirait les rôles respectifs de l'État et des entreprises, recenserait et traiterait les externalités justifiant une intervention de la puissance publique. La vocation des entreprises serait toujours de maximiser leurs profits, mais en respectant les incitations utiles à la prise en compte de l'intérêt général. Au passage, on peut aussi se demander si, dans certains cas, lorsque le principe des incitations (que celles-ci viennent de l'État ou de l'opinion) n'est pas opérant, il ne faut pas se doter (éventuellement par la loi) de règles plus strictes destinées à peser directement sur la gouvernance. Ainsi, par exemple, de la formation des salariés, de l'égalité hommes/femmes, de l'indépendance nationale et de bien d'autres sujets qui répondent insuffisamment au principe des incitations. Sans parler de la question du conflit d'intérêts entre dirigeants et collectivité : depuis des lustres, les incitations qui ont été mises en place à leur intention encouragent les premiers à travailler dans l'intérêt quasi exclusif des actionnaires. Si la société estime que le capitalisme doit être plus inclusif, une avancée décisive serait de transformer ce jeu à deux en jeu à trois acteurs en incluant cette fois les intérêts de l'ensemble des parties prenantes. Un exemple parmi d'autres où la règle doit sans doute pouvoir suppléer utilement l'incitation. Bien géré, ce modèle – pas si éloigné en définitive de la philosophie d'un Milton Friedman – serait incontestablement plus fécond que le modèle néolibéral, mais pour qu'il prenne corps, il est nécessaire que certaines conditions soient remplies.

Tout d'abord, il faut évidemment que les actionnaires acceptent de revoir dans une certaine mesure à la baisse leurs prétentions en matière de rendement du capital et donc qu'ils se convainquent qu'à long terme ce modèle crée *in fine* davantage de richesses pour tous. Ajoutons sur ce point qu'il est également essentiel que l'ajustement soit bien calibré afin d'éviter qu'il ne provoque un très grand déplacement de capitaux vers des entreprises qui resteraient dans le modèle néolibéral.

Ensuite, point également décisif, si l'Europe décidait d'initier une telle réforme du capitalisme, d'en devenir en quelque sorte l'aile marchante, il serait indispensable qu'elle se donne les moyens de corriger les écarts de compétitivité qui ne manqueraient pas de surgir.

Ainsi, par exemple, décider de fixer un prix élevé du CO_2 en Europe n'est imaginable que s'il y a un ajustement aux frontières. De la même manière, l'instauration d'un bonus-malus sur les licenciements créerait immanquablement une dynamique de l'emploi différente de chaque côté de l'Atlantique. Cela suppose donc la mise en œuvre de politiques européennes susceptibles de compenser les distorsions de concurrence ainsi créées. À noter en cette année d'alternance à Washington que les premières décisions annoncées par la nouvelle équipe installée à la Maison Blanche peuvent laisser espérer sinon une « européanisation » du modèle américain, du moins une réduction de l'écart entre les deux modèles. À sa manière, chaque continent semble prendre acte de la fin du capitalisme néolibéral dans sa version canal historique, même s'il est difficile d'ignorer combien le chemin de crête est escarpé et les obstacles nombreux à surmonter.

D'autant que la situation économique et sociale créée par la crise sanitaire complique encore la donne. La Covid ajoute évidemment une contrainte supplémentaire au défi qui nous est collectivement lancé. Peut-on imaginer jouer à fond la carte du capitalisme inclusif, une véritable révolution culturelle, lorsque tout va mal ? Pour autant, il serait suicidaire d'attendre qu'une violente crise sociale éclate ou que la « troisième béquille », cette monétisation des dettes dans laquelle nous nous sommes engagés, craque au point de provoquer une nouvelle crise financière encore plus destructrice que les précédentes. Mais une manière plus douce et ordonnée de réformer notre modèle de croissance est à peine moins semée d'embûches. Elle exigera en tout cas un engagement inédit de tous et de chacun d'entre nous associé à un esprit de responsabilité sans faille.

Postface

En débutant cette réflexion sur le capitalisme contemporain, nous étions d'abord – comme tout un chacun – frappés par la violence du rejet que celui-ci suscite désormais dans nos sociétés, diabolisé pour différentes raisons qui mêlent des considérations à la fois éthiques, politiques, économiques et sociales. Mais nous partions aussi d'une intuition qui nous semble, après examen, confortée par l'analyse : non seulement ce capitalisme néolibéral nuit gravement à la santé de nos sociétés mais il est aussi en définitive – et c'est peut-être un peu moins attendu – terriblement inefficace. Autrement dit, calamiteux pour la croissance. Et ce pour de multiples raisons qui vont de la quête d'une rentabilité anormalement élevée du capital jusqu'au développement des inégalités de revenu qui minent le pouvoir d'achat des classes moyennes et populaires en passant par une concentration des entreprises qui neutralise la concurrence et décourage l'innovation, sans oublier des délocalisations dévastatrices pour l'emploi qualifié dans les pays de l'OCDE.

Confronté à cette maladie pernicieuse de la croissance de long terme, le système a depuis longtemps eu recours à des expédients : la dette privée tout d'abord, puis la dette publique et enfin, davantage encore depuis mars 2020, la création monétaire. Mais voilà. Chacune de ces « béquilles » finit dans une crise, et une crise dont l'intensité a tendance à grimper dans l'échelle de Richter des secousses financières. Au point que la dernière en date, la « béquille monétaire », pourrait bien entraîner à terme une déflagration destructrice avec formation de bulles sur les prix d'actifs, paupérisation des jeunes, fuite devant la monnaie… Et même finir par avoir raison de ce capitalisme néolibéral qui domine l'économie mondiale depuis des décennies.

Quarante ans après le triomphe du capitalisme néolibéral, nous sommes arrivés à un point de rupture. Pour survivre, le système doit évoluer vers un nouveau modèle de croissance capable de créer des richesses, bien sûr, mais aussi de satisfaire les aspirations de l'ensemble des acteurs, de dessiner un nouveau contrat social, car – les dernières décennies l'ont montré – il ne saurait y avoir de réelle prospérité économique sans amélioration du bien-être collectif. Et il nous semble qu'il n'est pas trop tard, que cet épisode pandémique peut même se transformer en opportunité, pour corriger les dérives du système, en tout cas au niveau du capitalisme européen. Il nous reste à saisir cette dernière chance.

• **Notre première proposition** est une proposition qui, d'une certaine manière, sous-tend toutes les autres car elle **dessine le cadre d'une nouvelle gouvernance, une nouvelle philosophie d'économie politique**. Nous l'empruntons à l'ordolibéralisme, ce corpus de l'école de Fribourg qui, en son temps, inspira l'action de la social-démocratie allemande.

Au fil des décennies, le capitalisme néolibéral a privilégié l'alignement des intérêts des actionnaires et des dirigeants d'entreprise, alignement obtenu en imposant aux managers de détenir une quantité suffisante d'actions. Du strict point de vue de l'actionnaire, cet alignement est nécessaire car les dirigeants disposent d'une information (sur la rentabilité future, sur les projets d'investissement possibles) dont il ne dispose pas. Mais, ce faisant, le système capitaliste a tout simplement « oublié » la société, ses difficultés, ses souffrances et ses aspirations.

L'ordolibéralisme répond à une philosophie tout à fait différente : il s'agit certes d'un libéralisme, mais c'est un libéralisme qui ne se confond pas avec le laisser-faire et tous les effets indésirables d'une liberté sans règles ni limites. Il prend appui sur une gouvernance fondée sur une vision à la fois dynamique et équilibrée du partage des rôles entre les différents acteurs, où chacun assume pleinement son rôle – notamment les entreprises et l'État, mais aussi la société – autour d'un projet collectif où l'esprit d'engagement et de responsabilité domine. Or, c'est bien ce dont le capitalisme a besoin aujourd'hui : aligner les intérêts de trois groupes d'agents économiques : les actionnaires, les dirigeants mais aussi la société qui considère comme légitime de voir mettre en place des politiques offensives contre les inégalités, contre la pauvreté et la précarisation croissante, des politiques de lutte contre le réchauffement climatique et les désordres écologiques de toutes sortes.

C'est un capitalisme où l'État n'intervient pas directement dans les décisions des entreprises mais met en place des politiques incitatives qui les encouragent à agir dans le sens souhaité par la société tout en œuvrant dans l'intérêt des actionnaires. Il s'agit bien d'un capitalisme puisqu'il y a toujours des capitalistes, et puisque la vocation des entreprises est toujours de maximiser leurs profits, mais c'est aussi un capitalisme organisé pour partager l'enrichissement patrimonial, pour agir contre certains monopoles, pour pallier les éventuelles défaillances du marché et corriger les conflits d'intérêts qui ne manquent pas de surgir entre les actionnaires et l'ensemble de la société. Voici, en guise de conclusion et pour illustrer la démarche, **trois propositions concrètes** qui nous paraissent fondamentales.

• **Réduire les inégalités patrimoniales par la distribution de capital de toutes les entreprises à l'ensemble de leurs salariés.** L'expansion monétaire actuelle va fabriquer une forte augmentation du prix des actifs (immobilier, actions, valeur des entreprises…) puisque l'excès de monnaie fournie par les banques centrales est réinvesti dans l'ensemble des classes d'actifs. Cette évolution, déjà à l'œuvre aux États-Unis où les prix de l'immobilier ont augmenté de 10 % en 2020, pourtant année de crise, et où les cours boursiers des valeurs technologiques ont doublé en un an, ce qui est inédit, dope l'enrichissement des plus riches et va faire plus que jamais exploser les inégalités patrimoniales. Un enrichissement qui n'a rien à voir avec la performance des actifs, mais tout à voir avec la politique monétaire.

Cette distribution de capital correspond à **une dilution des actionnaires anciens** puisque la valeur de leurs actions diminuerait, mais elle est **tout à fait acceptable** dès lors que, par ailleurs, ces actionnaires se sont enrichis avec la montée des indices boursiers. Elle permettrait en outre de distribuer un capital à tous les salariés sans affecter pour autant l'incitation à la modernisation des entreprises puisque l'opération (un transfert du patrimoine et du revenu aux salariés) ne dégrade pas la compétitivité-coût de l'entreprise. Au passage, on augmente le nombre des actionnaires locaux, ce qui contribuerait à renforcer le capitalisme européen.

• **Favoriser l'alignement de l'intérêt général et des intérêts particuliers.** Ce changement d'approche est possible si l'État met en place des politiques incitatives suffisamment fortes pour persuader les entreprises de prendre en compte les intérêts de la collectivité tout en maximisant leurs profits. La vocation des entreprises reste de maximiser leurs profits, mais en respectant les incitations utiles à la prise en compte de l'intérêt général.

On peut penser par exemple à **des incitations fiscales et/ou réglementaires à distribuer du capital à l'ensemble des salariés ; à la mise en place d'un « bonus-malus » sur les licenciements** (une entreprise qui licencie beaucoup acquitte des cotisations salariales plus élevées) voire sur un recours excessif aux CDD ; à des allègements de cotisations sociales sur les bas salaires qui permettent de les augmenter et soutiennent l'emploi peu qualifié ; il peut s'agir aussi de la fixation d'un prix suffisamment élevé du CO_2.

Chacune de ces incitations est de nature à préserver (dans le cas d'une distribution de capital aux salariés) ou augmenter les profits, lorsqu'il s'agit d'éviter le malus en limitant les licenciements ou l'achat des contrats CO_2 grâce à la fixation d'un prix élevé du CO_2.

Dans certains cas, l'État ne doit pas hésiter à recourir à la règle lorsque le système des incitations est inopérant : formation des salariés, égalité hommes/femmes, indépendance nationale, rémunération des dirigeants…

• **Mettre en place et faire respecter des règles strictes en matière de concurrence.** Avec le capitalisme néolibéral, l'esprit du libéralisme économique a été progressivement dévoyé. On observe très clairement que le capitalisme contemporain, que l'on appelle pourtant néolibéral, a dérivé en laissant se constituer de puissantes entreprises dominantes, à commencer par les GAFAM, dont la position décourage les entrants, freine l'innovation et constitue finalement un frein important à la croissance car ces entreprises rachètent leurs concurrents innovants afin de préserver leur position de monopole et de se développer dans des secteurs où elles ne disposent d'aucun avantage comparatif. Dans le système capitaliste, la concurrence est en effet centrale car il n'y a pas de croissance sans une concurrence qui favorise une juste fixation des prix et stimule l'innovation dans tous les domaines.

Table

DE PATRICK ARTUS
CHEZ ODILE JACOB

40 ans d'austérité salariale. Comment en sortir ?, 2020.

Discipliner la finance, 2019.

Composition et mise en pages
Nord Compo à Villeneuve-d'Ascq

N° d'édition : 7381-5541-X – N° d'impression : 2963177Y
Dépôt légal : mai 2021

Jouve-Print
733, rue Saint-Léonard, 53100 MAYENNE
Imprimé en France

Inscrivez-vous à notre newsletter !

Vous serez ainsi régulièrement informé(e)
de nos nouvelles parutions et de nos actualités :

https://www.odilejacob.fr/newsletter